明日之鋅

王梅 著

我的「鋅」路歷程

文◎蕭勝彥

最初大家都以為《明日之鋅》是一本個人自傳，但我不是王永慶那種偉大的「經營之神」，也不是賈伯斯那種可以翻轉世界的夢想家，我只是一個微小的企業經營者。其實當初的目的是想透過自己經營臺鍍的過程，將熱浸鍍鋅的產業呈現給社會大眾了解。

我並不是要寫自傳，臺鍍經過了四十幾年，想到這麼重要的產業大家都不理解，我覺得非常可惜。大家都說台積電是「護國神山」，因為它在晶片市場幾乎是獨一無二。我就想，臺鍍為什麼不是「護國神山」，我們自詡也是獨一無二，我很早就看到這個產業的願景與重要性，一直鼓吹「生命週期成本」（ＬＣＣ）的概念，可以延長公共工程與建築的使用壽命。大家想一想，每年臺灣因為環境造成的腐蝕損失有多少，就像空氣污染，因為生銹是慢慢的，平常不容易察覺，熱浸鍍鋅可以保護這些公共工程百年不生銹，才不會把嚴重的環境問題丟給子孫，透過這樣一本書希望喚醒大家注意環境議題。

這本書符合我原來的預期嗎？肯定有，而且可讀性很高，我不是生意人，而是小企業家，我可以驕傲地說，這是一本好看的企業故事，我看完第一章初稿後，就迫不及待地想看第二章，甚至被內容深深觸動而流淚，因為作者緊緊抓住了我的想法，原來熱浸鍍鋅產業是這麼重要，這麼有價值，它雖然是一個傳統產業，但也翻轉了傳產的形貌，重新定義了傳產並賦予新的意義。

透過這本書，員工對臺鍍也有了新的了解，有些員工剛進來以為這不過是傳統產業而已，但後來體悟到它不僅是一個防蝕技術工法，而是關注整個臺灣環境的未來產業，所以，它不僅是臺灣的臺鍍，更是可以站上世界舞台的臺鍍。我們常常覺得自己很微小，但我們

做的事很有意義，對社會很有價值，臺鍍不上市，那只是玩金錢遊戲，我們愈來愈覺得這件事情的重要性，讓臺鍍成為一個「指標性」的未來企業。

關於本書的工作團隊讓我感受到絕對的敬業與專業，從企畫提案、採訪撰稿、攝影美編、編輯製作，我不是一個擅長華麗辭藻與公關文宣的人，作者對於環境議題的深入挖掘，讓我更擴張及梳理許多概念，我希望這本書可以帶給員工世界的視野，也希望臺鍍真的可以成為百年企業，不要小看這個產業，企業小，志氣高，它對整個國家社會發揮的貢獻真的非常大。如果能夠因此喚起大家對公共工程建設耐久性問題的關注，我想創辦公司當初提出「創造熱浸鍍鋅文化，維護台灣有限資源」的理念，就可以逐漸實現了。

蕭勝彥，日本近畿大學商學博士課程完成。
現任中華民國熱浸鍍鋅協會第九屆理事長、臺鍍科技股份有限公司董事長、亞太地區熱浸鍍鋅協會創會理事長、中華民國熱浸鍍鋅協會創會理事長。
曾任中華民國防蝕工程學會理事長、中華民國熱浸鍍鋅防蝕技術研究基金會執行長、中華民國中小企業研究發展學會理事長。
發行書籍：《熱浸鍍鋅》季刊、《鋼鐵結構物熱浸鍍鋅問答集》、《熱浸鍍鋅防蝕技術與應用》、《好事必達學》、《與客戶共舞》、《忘了客戶哪有飯吃》。

永不放棄的防蝕守護者

文◎彭振聲

認識蕭董事長勝彥應該在西元二〇〇〇年以前，他當時擔任「臺灣鍍鋅股份有限公司」的董事長（現已更名為臺鍍科技股份有限公司）。當年，高雄工務局在興建七賢路的高雄橋時所設計是雙孔的鋼構橋，是愛河上面第一個改建的鋼構橋梁。當時高雄橋的防蝕是外部以油漆為施工方式，而蕭董的技術團隊認為在愛河與港區的海水侵蝕下鋼構橋容易腐蝕。當時他舉臺灣地區的路燈桿為例，因為使用熱浸鍍鋅防蝕方式，幾十年來少有銹蝕現象。他也建議可以採用當時臺灣地區熱浸鍍鋅可以製作的四孔箱型梁，其箱型空間可以應用做為自來水及瓦斯管線通道；另為了美觀，在熱浸鍍鋅鋼構表面再塗上油漆，發揮一加一大於二的防蝕效果，使橋梁的外觀更為耐用及美觀。至現在為止，高雄橋儼然已成為跨愛河的橋梁中防蝕效果最好的鋼構橋梁，不但減少往後的維護費用，也達到節能減碳的目標。

繼高雄七賢路的高雄橋之後，蕭董事長不但把原本只有台灣電力公司輸配電電線桿上的鐵配件採用熱浸鍍鋅以外，更積極將熱浸鍍鋅防蝕技術推廣應用至其他公共工程。他前後擔任了熱浸鍍鋅協會三任的理事長，在熱浸鍍鋅協會裡面成立技術開發委員會，首先訂定熱浸鍍鋅CNS標準，使得從日本引進的熱浸鍍鋅技術得以在國內廣為推廣。另一方面，蕭董事長也拜會包括行政院公共工程委員會及相關的工程機關，大力推動熱浸鍍鋅在公共工程的運用，其中包括金門大橋及淡江大橋熱浸鍍鋅鋼筋的設計施工，以解決類似南方澳大橋因為腐蝕而坍塌的意外事件。

蕭董事長不僅推廣熱浸鍍鋅技術，為臺灣地區永續發展貢獻心力，更將發展熱浸鍍鋅產業變成自己的使命！現在以《明日之鋅》為題來闡述臺灣熱浸鍍鋅的發展過程，成為解決防蝕問題的守護者且永不放棄。期望蕭董事長出版的這本書，可以喚起大家更進一步推動熱浸鍍鋅文化，在地球有限資源下為環境奉獻心力。

彭振聲，曾任臺北市副市長、高雄市政府工務局新建工程處總工程司、高雄市政府工務局新建工程處副處長、高雄市政府工務局新建工程處處長、臺北市政府工務局局長。

有故事有福報的企業領袖

文◎王仲宇

二〇二三年十一月初在臺北東南扶輪社的例會時，蕭勝彥董事長（Robert）邀我替他的自傳寫序，我立刻高興的接受了，因為能夠為我非常敬重的老朋友，談談對他的認識，是份喜悅與榮幸。

和蕭董事長結緣應是始於二〇〇一年執行由臺鍍公司支持的「大於鍍鋅槽箱型梁鍍鋅新技術」研究計畫。當時蕭董就非常有遠見的在中央大學的大型力學實驗館外，放置了一個由各種防蝕技術施作的橋梁箱型鋼梁，經過這二十二年的氣候考驗，充分驗證了熱浸鍍鋅技術的防蝕成效。在後續和他的交流互動中，對他的敬業精神與謙和的態度一直印象深刻。二〇一八年尾在一次餐敘時，他欣然接受邀請加入我參加的扶輪社，並於兩年後成為臺北東南扶輪社的傑出社長，深受社友的愛戴。在過去的六年的扶輪生活中，讓我和 Robert 及其家人有了更多的接觸與了解。

在閱讀 Robert 自傳初稿時，我記錄了以下的重點：

1. 熱浸鍍鋅是延長工程壽命的金鐘罩。
2. 他有天生老闆的性格——衝衝衝！
3. 要成為自然領袖，是因為值得站出來領導別人，且要創造被人利用的價值，不是靠賄賂或收買。
4. 要求品質第一。不懂就學，不恥下問。
5. 臺鍍的企業價值是品質第一，防蝕至上，用「生命週期成本」（LCC）的理念維持環境永續。
6. 企業要做到第一或唯一，並不需要做到最大。
7. 要求自己常常控制自己，不能貪多，一輩子能做好一件事就功德圓滿，而他只要做好熱浸鍍鋅這件事就夠了。
8. 貴人相助的好運氣加上四十七年對熱浸鍍鋅事業的堅持。
9. 對部屬非常關懷，絕不吝嗇，且待人寬厚，員工對公司有著高忠誠度，資深員工眾多，也造成臺鍍企業經營的高穩定度。
10. 由困難中學習危機處理的能力。
11. 抱持整體公共工程建設「共好」的企業態度。
12. 心中一直存在「創造熱浸鍍鋅文化，維護臺灣有限資源」的企業理念。
13. 公司每週三的讀書會讓員工培養眼界，訓練大處著眼，小處著手的工作態度。
14. 認定熱浸鍍鋅是一個不會被取代的行業，只要經營效益好，管理好就會賺錢。
15. 有賢妻相助互補，事業蒸蒸日上。
16. 教子有方，成功培養第二代接班。

由上述的各點，印證了我對蕭董事長的認知，也勾勒出了蕭董事長作為成功企業領袖的特質：沉穩、細心、膽識、大度、誠信、擔當、內涵。

曾經有人說過：

越是有故事的人，越沉靜簡單；越膚淺單薄的人，越浮躁不安。

強者：不是沒有眼淚，而是含著眼淚依然奔跑。

成功的人：一般不是才華橫溢的人，而是，最能以親切和藹的態度給人以好感的人。

一個人，不能改變自己的形象：卻能改變自己的氣質；

一個人，不能達到理想的高度：卻能提高自己的水平。

善良、熱情、誠信更容易給人以好感，給人陽光般的溫暖。

我們的蕭勝彥董事長就是個這麼有故事、有福報的朋友。

王仲宇，現任國立中央大學土木工程學系教授、中國土木水利工程學會永久會士、國家實驗研究院國家地震工程研究中心兼任研究員、行政院國家運輸安全調查委員會諮詢委員、社團法人台灣後拉預力學會創會理事長、成大土木文教基金會董事。

曾任國立中央大學橋梁與軌道工程研究中心主任、社團法人中華顧問工程司橋梁技術中心主任、國立中央大學災害防治研究中心主任。

為臺灣環境永續而戰的人

文◎李紹唐

二〇一一年透過我的一位日本朋友（當時擔任杜邦亞太區產品企劃總監的浜口真佐樹先生）介紹蕭董事長給我認識。我在退休後，在二〇一六年開始擔任臺鍍科技公司的顧問，參加臺鍍科技公司每個月的經營會議以及臨時重大決策會議，因此有機會近距離的接觸及認識到蕭勝彥董事長！為什麼業界會尊稱蕭勝彥董事長為「臺灣熱浸鍍鋅之父」？我認為真的是名副其實！在這裡把我的觀點來跟大家分享一下：

臺鍍科技公司成立將近五十年了，有許多家同行競爭者的老闆都是由臺鍍科技公司訓練出來的。蕭董事長並沒有因為他們的跳槽而生氣，相反地他反而對我說：臺灣的熱浸鍍鋅市場很大，這樣子可以讓更多的人來做熱浸鍍鋅工程，讓鋼材穿上「鋅」衣，讓營建工程的生命週期更久！讓臺灣更好！蕭董事長更是熱心地擔任了三次臺灣熱浸鍍鋅協會理事長，出錢出力從來沒有任何抱怨。他每個禮拜都馬不停蹄的拜訪各大工程顧問公司及建築師事務所、公共工程委員會、政府單位，包括交通部及其他很多不同各縣市政府、學校以及各種不同的民間企業客戶，推廣說明熱浸鍍鋅對公共工程的重要性。

這本書是由前天下集團《康健》雜誌資深記者王梅女士所撰寫的，為了寫這本書，王梅女士花了約一年半的時間才完成。

在這一年當中她曾多次一起參加蕭董事長的不同內部會議、參訪工廠以及陪著蕭董事長到幾個不同的地點觀看由臺鍍公司完成的熱浸鍍鋅工程作品。王梅女士用非常客觀的方式來撰寫蕭董事長從出生到現在的成就。一週前，蕭董事長打電話給我，請我幫忙寫序，我也在第一時間拿到了整本書的內容，花了幾天看完。這本書一共分十個章節，而且淺而易讀，從蕭董事長出生在臺中的農家子弟、求學過程中的一些主要事項、大學畢業以後到日本近畿大學留學、在日本留學中有機會認識到他的恩人後藤弘社長，一路引導蕭董事長設立熱浸鍍鋅事業，到今天臺鍍科技公司成為臺灣最大的熱浸鍍鋅公司。

另外非常值得一提的就是，蕭董事長他每個禮拜三都會舉行讀書會，由他自己親自帶領各個部門主管一起讀書。每次由一位主管負責導讀，其餘與會者輪流分享一千字的心得報告，事先如果沒有做足功課，難免會當眾出糗，完全不能打混摸魚，歷經數年，每週如此。

因為氣候變遷問題，造成全世界所有的企業開始重視減碳及碳足跡盤查。蕭董事長也非常有願景的超前部署 ESG 永續經營，特別邀請臺灣 KPMG 公司 ESG 永續事業總裁，針對ＥＳＧ永續議題到臺鍍科技公司來對員工做深入介紹。蕭董事長最後也委託臺灣ＫＰＭＧ公司ＥＳＧ永續事業部，對臺鍍科技公司做深入的探討：使用油漆與使用熱浸鍍鋅二者對橋梁工程的壽命比較分析。蕭董事長為了減碳，更是率先在二〇二二年將觀音工廠的屋頂改為太陽能發電面板屋頂。這十年來，公司的員工離職率幾乎是零，因此，我說蕭董事長是為臺灣環境永續而戰的人，一點也不為過！

李紹唐，現任四維創新材料股份有限公司董事、全漢企業股份有限公司獨立董事。
曾任甲骨文臺灣區董事總經理、緯創軟體股份有限公司董事、悠遊卡股份有限公司董事、二代大學校長。

目錄

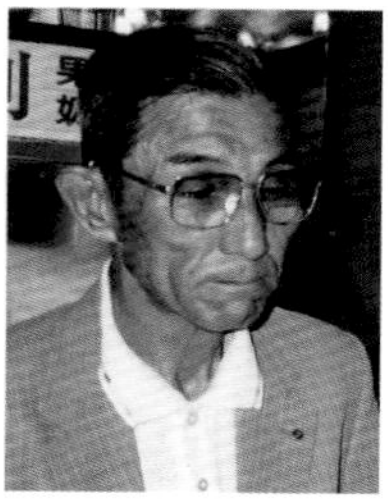

熱浸鍍鋅
2023/01
NO.80

Chapter 1

蕭勝彥報到！

老實說，年輕的時候，蕭勝彥從未想過有朝一日會創業當老闆，成為別人口中的「蕭董事長」，他曾經以為自己會一輩子教書當老師，後來有機會出國留學日本，當時心中第一志願是「回臺灣當教授」，卻陰錯陽差走上創業之路。

二〇二三年，剛過完農曆年不久，蕭勝彥翻閱日曆，掐指一算，「若以中國農曆的算法，我已虛歲八十歲，但我一點都不感覺自己那麼老。」大概看到我們一臉狐疑，他馬上接口，「我跟一些老朋友去打球，桿弟都很擔心他們會跌倒，卻讓我一個人放牛吃草。」魔羯座的蕭勝彥，表情很得意，我們也跟著呵呵笑起來……。

蕭勝彥的體格結實，肌肉健壯，貌似威嚴，態度卻相當謙和，說話不急躁，不會讓人有大老闆的壓迫感。他透露，在初中、高中、大學時代都練過柔道，在日本留學的時候也曾經跟朋友學過合氣道，憑他那一副體魄，擁有一身武功，卻沒去念體育當國手，似乎有點可惜。

蕭勝彥念初中時，臺中市有一個很大的柔道館，大概也是看了武俠小說，想要鍛鍊身體，自己買了器材用具跑去練習；他甚至還跟著表哥學鶴拳，鶴拳是從大陸東北傳進來，他看到表哥在院子裡練習，仗著自己有柔道底子，也跟著去湊湊熱鬧；進了文化大學，改練摔角，也打過橄欖球，同學親眼看到蕭勝彥用過肩摔擺平比他更高大的對手；一般大學男生用彈吉他吸引女生，蕭勝彥則是用武功招式博得女生好感；大學同學一起去露營，到了晚上，女生不敢獨自上廁所，紛紛要他陪伴當護花使者，他也頗感自豪。

蕭勝彥高中、大學的同學，很多外表看起來已是老態龍鍾，一位昔日的同學來家裡造訪，女兒私底下問他，「老爸，那位是阿公的同學嗎？」蕭勝彥回答，「喔，不是，他是我的同學。」女兒一時難以會意，隨即明白，張口哈哈大笑。「我從年輕的時候建立運動的習慣，到了老年就可以享受到這個好處。」語畢，蕭勝彥的嘴角忍不住上揚。

蕭勝彥出身臺中農家，父親蕭坤旺入贅賴家當女婿，但蕭勝彥跟著父親姓蕭，直到弟弟出生才從母姓，名字叫賴勝俊，弟弟自小體弱多病，才剛進小學就因病過世，蕭勝彥每次想到這個弟弟就很感傷，「小小年紀還來不及多認識這個世界，就走完了短暫生命。」

蕭家獨子，集寵愛於一身

弟弟離世後，蕭勝彥成為家中獨子，後來母親又生了三個妹妹，大妹妹也跟著母親姓賴。由於蕭家只有他這個男孩子，又是長孫，深受阿嬤疼愛，什麼好吃的都留給這個寶孫，壓歲錢也比別人多。

蕭勝彥出生的那個年代，正逢臺灣光復不久，剛脫離日本統治。當時，很多男孩子取名叫做「正雄」、「文雄」、「文勇」、「正男」。蕭勝彥的名字「勝彥」，是父親蕭坤旺的日本上司幫忙取的。蕭勝彥大學畢業後去日本留學，日本人一看到他的名字就覺得格外親切，「蕭桑，你這根本就是日本名字嘛！」

父親蕭坤旺自小受日本教育長大，鄉下地方不識字的人多，蕭爸爸雖然只有小學程度，但在校努力用功，心算和珠算成績都非常好，歷史、地理也都很熟練，一口流利的日文更是說得呱呱叫，小學老師規定，學生放學後要背誦完課文才能回家，蕭坤旺都是第一個完成。

日本政府徵調臺灣役男從軍，蕭坤旺被分派到海軍的飛機隊服役，專門負責修理飛機。蕭勝彥記得父親服役的部隊在岡山，配有宿舍，母親也跟著去住。在日本人統治的那個年代，女孩子大多要幫忙照顧家庭和幼小弟妹，很多被迫中途輟學，蕭勝彥的母親識字，還會講國語，非常少見。蕭坤旺只會講臺語和日語，因為讀過書，認識字，在鄉下很神氣，而且他會記帳，很多親戚鄰里的婚喪喜慶都是找他去收錢，還會幫人寫信、寫情書，深得街坊鄰居信賴。蕭爸爸說得一口流利的日語，有一回去日本旅遊，在遊覽車上充當臨時導遊，抓到麥克風都不肯放下來，蕭勝彥聽日本的表叔說，蕭爸爸的表現讓他覺得很光榮。

臺灣光復之後，蕭爸爸去報考警察，但卻被蕭阿嬤攔阻，要求他回家種田。蕭家雖是務農，但環境不差，田裡種了不少農作物，一甲多的土地（相當於三千多坪）種了水稻、蔬菜、

貌似威嚴，態度卻相當謙和的蕭勝彥，體格結實、肌肉健壯，初中、高中練過柔道，大學時代改練摔角，也打過橄欖球。

水果，家裡沒有雇用工人，蕭阿嬤一直希望蕭家男丁可以繼承務農的工作。

蕭勝彥小時候功課不錯，念臺中北屯區軍功國小，但他也經常挨打，因為不聽話或者做了大人不准的事。譬如，他就讀的軍功國小旁邊有一條溪流，夏天小孩子喜歡到溪流游泳，但大人都會阻止，因為擔心有暗流，小孩子身材短小，萬一爬不上來就淹死，那條野溪曾經發生過意外。

有一次，蕭勝彥被女同學密告，在學校被老師打，回到家裡再被老爸打一次，用桂竹枝抽打手心和小腿肚，因為那裡肉最多，較不會傷到筋骨。還有一次，他跑去偷摘人家山上果園的李子，被主人發現，一路被追趕到家裡，又是被賞了一頓「桂竹炒肉絲」，那支桂竹放在蕭家後門，是隨時備用的「家法」。

蕭爸爸對家中唯一的獨子要求很多，譬如，蕭勝彥從小學三年級以後，每次演講比賽都是第一名，學科也都是第一名，就是被蕭爸爸教出來的，直到六年級的時候，成績老是輸給一位女同學鄭阿碧，她後來去念了師專，當了老師；另一位女同學林美代，是班上最漂亮的，後來也當了中學老師。

蕭勝彥回憶，求學期間最討厭的就是放寒暑假，因為家裡沒有雇用工人，小孩子放假回家就是要幫著下田做農事，除草都得跪在地上，覺得很痛苦。稻田裡有一種雜草叫做「稗」，外觀看起來像稻穗，大約可以長到半個人身高，如果沒有除掉，它會長得很快，把稻子的營養都吸收光了，非得搶先一步除掉不可。

那時候，還沒有除草劑，夏天稻田裡的水窪跪下去，都是攝氏四十～五十度，燙得忍不住跳起來，到了冬天就是冰冷的，「一旦天氣太熱，我就跳進田地旁邊的水圳泡冷水，晚上回到家就發燒，阿嬤就責怪父親，怎麼把小孩操成這樣……！」在他年輕的記憶裡，整個夏天都在田地裡插秧、除草、割稻；到了秋天，就利用稻子收割之後閒置的空檔，種植菸葉，增加收入，大約在農曆年前後就可以收成。

父親教誨，不懂就問

蕭爸爸教導家中唯一的獨子，就是要認真讀書，反覆叮嚀，「你以後千萬不要像我這樣辛苦地種田！」蕭勝彥把這番話聽進去了，所以他拚命念書，初中考進天主教衛道中學，高中念臺中二中，大學念文化學院（一九八〇年升格改制為文化大學）。

蕭勝彥透露，讀高中的時候很喜歡看黨外雜誌，《民主潮》、《自由中國》，都是躲起來偷偷看，他很不喜歡念《三民主義》，考大學的三民主義那一門科目才拿三十六分，一般同學都是考七十～八十分，但他的國文、數學都考得不錯，進了文化大學英文系，村子裡跟他年齡相仿的年輕人只有二人進了大學，「在鄉下，大學生不得了啊，才剛考上大學，就有人來作媒，因為我是獨子，沒有妯娌，家裡又有田地，條件很好，但我自視很高，父親也說『先念完書，再談結婚的事』。」

蕭勝彥在大學成績不錯，總平均都可以超過八十分，被同學拱出去選代聯會主席，但學校設了一個學業平均成績八十五分的門檻，但他的平均成績只差了〇．五分，未達候選人資格。雖然當不成代聯會主席，蕭勝彥卻當了班代表，深受同學愛戴，「我比較有親和力，我爸爸常教誨，同鄉、同學、同宗、同姓，以後都會對自己有幫助。」蕭坤旺也常跟兒子說，「不會就要問，千萬不要『明明不懂，硬要裝懂』，寧可見笑一時，不要見笑一世。」直到現在，不懂就學，不恥下問，這也變成蕭勝彥的習慣。

蕭勝彥大學畢業，正好臺灣開辦九年國民義務教育，廢除初中聯考，人人都要念國中，他就申請到臺中市第六國中當英文老師。不過，那個時代的風氣，謀職升遷都講究「關係」，當老師也要有「關係」，蕭爸爸去拜託一位臺中市議員，帶了兩隻火雞去拜見校長，想到火雞在校長室發出咕嚕咕嚕的叫聲，這幅畫面不禁令人絕倒，「那時候，這種事很稀鬆平常。」

蕭勝彥順利拿到教職，當了兩年國中英文老師，蕭爸爸希望兒子繼續再接再厲，未來目蕭勝彥父親蕭坤旺：
「不會就要問，千萬不要『明明不懂，硬要裝懂』，寧可見笑一時，不要見笑一世。」

▲◀鶼鰈情深的父母
是蕭勝彥的人生導師。

標是要當校長，提醒他平常要「多做公關」，爭取表現機會。學校有個學生活動中心，校長要他身兼班導師與活動中心主任。他帶著學生去參加臺中市柔道比賽，得了冠軍，還記了功。

臺灣尚未解除戒嚴時代，每個公務單位、學校，甚至民營機構都設有「人二室」（人事室第二辦公室），專門負責保密防諜，監控單位人員的思想言行，追查案底是否有黑資料。蕭勝彥後來辦出國留學，公務人員都要繳交資料給上級單位核准，人二單位跟他說，「你的背景不錯，有記功喔！」回想這一段經歷，他不打自招，「幸好高中時偷看黨外雜誌沒有被發現。」蕭勝彥在大學時代加入國民黨，因為教官跟他說「加入國民黨才能出國」，後來他去日本深造，因為具有國民黨員身分享有很多優惠，譬如遇到國慶節日，有很多吃喝玩樂的「好康」。

他說起一段往事，當年在國中當英文老師教放牛班，沒有什麼遠大的理想，純粹是為了賺一份薪水。他規定學生每個星期六固定考試，考十個單字，錯一個打一下，「因為我自己當學生的時候，就是這樣被打出來的。」

有一天，降旗後有一位國二的學生林義修來找他，這名學生常常因為考單字答錯被打，林義修鼓足勇氣問蕭老師：「我姊姊是臺中女中畢業，我爸爸是農會總幹事，他們都叫我要念書，但我不知道該怎麼念……？」蕭勝彥看著這名學生，模樣乖乖的，個子小小的，「我突然感到一陣羞愧，覺得我不應該這樣打學生。」後來，蕭勝彥改變教學方式，用規勸的方式，不再動手體罰學生。

一名學生改變了一位老師。蕭勝彥創業以後，一直沒把員工當員工，而是當成學生來教，他知道很多老闆會罵員工，「一個老闆或老師如果大聲斥責，就表示他自己罩不住，沒有信心。」一位好老師或是好老闆，除了要以身作則，以德服人外，更應該懂得自我反省，用具體行動實踐，做這份工作的價值是什麼？這個工作的意義感在哪裡？「就像我現在常跟公司同事說，我經營企業的理想是為了替國家省錢，這是社會需要的，這是盡社會責任，我們做的是很高尚的行業，這樣才會覺得這個工作有意義，而不只是賺一份薪水而已。」

成為熱浸鍍鋅業的 No. 1

蕭勝彥創業之後，舉家北遷，雙親也搬到臺北，蕭勝彥偶爾抽空陪父母回臺中省親，爸爸說：「怎麼我們村裡現在都沒有老人家？」媽媽就笑他：「你就是老人家啊。」蕭勝彥秉承父訓，受父親影響很大，父親雖然是農戶種田，但很重視教育，不忘叮囑他：「同鄉同姓同學這些關係，一定要好好把握，以後出了社會這些人都會對自己有幫助。」父親是他人生的第一位導師，每每感念於心，永誌不忘。蕭坤旺先生活到一百零二歲，於二〇一八年十月過世，蕭勝彥的母親賴金葉也在同一年十二月過世，享年九十七歲。

蕭勝彥踏入熱浸鍍鋅這個行業，公司取名臺灣鍍鋅股份有限公司，但畢竟是默默無名的商場新兵，過去從未跟銀行打過交道。當時，位在高雄的路竹新益已是一家規模很大的公司，為了生意上資金週轉方便，所以就委任路竹新益的老闆蔡登標出任董事長，第二年才改由蕭勝彥接手。

臺灣鍍鋅創業之初，公司設立在桃園南崁，蕭勝彥充滿雄心萬丈，誓言要成為這個產業的 Only one 或 Number one，但要做第一名很辛苦，必須永遠要跑在最前面。另一半鄒秀月透露，蕭勝彥最大的心願之一，就是以後的子孫出去外面看到一些公共工程，都會以阿公為榮，開心地指指點點說道，「啊，這個就是我們阿公做的，那個也是……。」

在日本留學多年，蕭勝彥深受日本文化耳濡目染，尤其是他在日本遇到的貴人「日本教父」後藤弘社長，對他影響很大，日本人講究誠信，「做生意之前，先做朋友」，一旦成為朋友，在商場上就是一輩子的信任與承諾。而且，日本商社終身雇用制盛行，年輕人若是進入一家企業工作，通常就是打算做一輩子。

蕭勝彥遇到的第一個競爭對手，竟然是公司內部的一位親戚，離職後另起爐灶，在南部蕭勝彥：「我經營企業的理想是為了替國家省錢，這是社會需要的，這是盡社會責任，我們做的是很高尚的行業，這樣才會覺得這個工作有意義，而不只是賺一份薪水而已。」

▶ 1992 年的臺灣鍍鋅南崁廠。
▼ 2023 年的臺鍍科技觀音廠。

成立另一家公司與臺灣鍍鋅打對台，臺灣鍍鋅原本考慮採用「競業條款（Non-compete clause, NCC）」[1]循法律途徑提出訴訟，但蕭董考慮年輕人恐怕會因為吃上官司而毀掉未來，思前想後放棄訴訟，擺手說了一句：「算了，就讓他去！」

若要比較「當老師與當老闆的差別」，蕭勝彥沒有直接回答，他提起曾經看過一篇雜誌報導，前經濟部國貿局局長汪彝定強調，「要成為『自然領袖』，是因為你值得站出來領導別人，而且要創造被人利用的價值，不是靠賄賂或收買。」不管是當老闆或當領導者，要能以身作則，以德服人，甚至成為一個 role model（角色典範）。譬如，蕭勝彥參與民間團體扶輪社，社員來自各行各業，其中有不少社員很想當社長或理事，並且私下運作請客拉票，蕭勝彥加入不到三年就當了社長。

在日本留學時，指導教授大塚先生曾在第一堂課，跟蕭勝彥講過一句話：「將來你能不能有所成就，是必須靠你自己的『想法』，你有沒有自己的『人生哲學』，是否能夠堅持對工作的理想目標，還有你的『人際關係』。」

蕭勝彥創業已超過四十六年，年屆八十，但他並不打算退休，既扮演企業家，也扮演教育家，不但樂在工作，持續教育社會，推廣熱浸鍍鋅文化，完成個人使命，「認真地想，我真的是在替社會做事。」

1同行競業條款或競業禁止條款，是雇主與雇員之間所訂的一種勞動契約，其內容通常規定勞動合同終止後的一段特定期間之內，受雇者不得在相同產業中從事競爭行為，以保障先前雇主之權益。（資料來源：維基百科）

藤弘 先生

Chapter 2

後藤弘社長

人的機遇很奇妙，蕭勝彥在國中當英文老師，表現其實不錯，但他更想出國留學，到外面的世界去拓展視野，第一目標鎖定東瀛。一九七一年，蕭勝彥帶著滿腔憧憬出發上路，他的足跡終於踏上了日本，他萬萬沒想到，在日本會遇見影響他這輩子的貴人——後藤弘社長。

早期臺灣留學生都想去早稻田大學，他念的近畿大學是給有錢人家小孩念的，學費不低。蕭勝彥在日本有一個表叔，介紹他在當地華校「中國語文學院」（其實是中文補習班）教中文，卞民岩是語文學院的院長，日本是用羅馬拼音教中文，蕭勝彥趕緊去買一本羅馬拼音的中文字典，是大陸編的《新華字典》，還得偷偷去買，一個禮拜要去語文學院教課十小時，所以蕭勝彥會教中文是在日本學的。因為教中文，又認識了很多日本人，包括在「入國管理事務局」（類似臺灣「移民署」）工作的左納先生，那時候留學生不能打工，左納先生特別叮囑蕭勝彥去辦理登記手續，取得打工許可證，蕭勝彥還拿著打工許可證去跟同學炫耀。

卞民岩院長介紹蕭勝彥去大阪的「創價學會」教中文，他們成立了世界語文中心，蕭勝彥一個星期去一至兩次，學生都是日本創價學會的信眾。有一次，創價學會創會會長池田大作來視察，並且和所有老師一起合照，信眾看到池田大作，個個都激動地掉眼淚，蕭勝彥那時候還不知道他這麼「厲害」，後來才了解他的地位相當於臺灣的聖嚴法師或證嚴法師，深受愛戴。

蕭勝彥靠著教中文賺的錢，還不夠他繳學費。他聽日本同學說起，當地的扶輪社可以提供留學生「米山獎學金」，他託人找到兩位扶輪社友替他寫了推薦信，正式提出申請，還親自跑到京都去參加面試，當天至少有二、三十位跟他一樣的留學生，都想爭取這個獎學金，競爭激烈。結果，蕭勝彥幸運地拿到扶輪社獎學金，每個月六萬日幣，第二年增加至十萬日幣，這個金額比日本的大學畢業生一個月薪水還高，幸好還有這筆扶輪社的獎學金，替他壯了膽，他自己也很得意，先進入大阪近畿大學的外語中心，正式展開留學生活。

「東大阪中」扶輪社 遇到貴人

蕭勝彥在日本留學期間，每個月固定去參加「東大阪中扶輪社」的例會，順便領取他的生活費（獎學金），他第一次見到後藤弘社長，是在上本町近畿鐵路 Miyako（都）大飯店，扶輪社每月的例會都是在那間飯店舉行，後藤社長模樣看起來五十多歲，蕭勝彥對他的第一印象是覺得他好兇，不苟言笑，他們扶輪社有一個任務，就是要負責照顧臺灣來的留學生——蕭勝彥。

蕭勝彥認識後藤社長的時候，社長就已經自行創業，來往的客戶都是知名大公司，後藤社長是日本早稻田大學冶金學科畢業，同學大都進入日本前五大的鋼鐵廠做事，後藤也在三菱重工服務過，他是一個很傳統的日本男人，平常看似道貌岸然，但也帶著蕭勝彥去過酒家，蕭勝彥不能喝酒，一喝就想睡覺，後藤其實也不能喝酒，因為他的肝不好，年輕的時候喝得太多，總是喝到三更半夜回家，常被太太念。

蕭勝彥和後藤社長特別有緣，社長對兒女管教甚嚴，女兒嫁給京都大學碩士畢業的 Robot 工程師，兒子後來成為日本有名的泌尿科醫生。後藤太太也跟蕭勝彥很熟，她常跟蕭勝彥嘟嘟囔囔地抱怨社長，甚至透露：「社長對蕭勝彥比對自己的兒女都好。」社長的兒子、女兒平常都不太敢跟父親講話。蕭勝彥猜想，後藤社長應該是寂寞的，看到蕭勝彥就感覺像是自己親人，可以講真心話。

一九七四年，蕭勝彥順利拿到近畿大學碩士學位，決定繼續深造，進入經營管理博士班。蕭勝彥經由後藤社長引見，結識做高強度螺栓、螺帽的石川和夫社長，他的螺栓、螺帽都是用熱浸鍍鋅防蝕，長期供貨給台灣電力公司使用，那也是蕭勝彥第一次聽到「熱浸鍍鋅工法」。石川社長經常到臺灣洽談業務，就邀請蕭勝彥跟他一起回臺灣幫忙翻譯，蕭勝彥回臺灣的次數多了，跟台電的主管也熟了，有一次，台電一位高層問起，「蕭博士，你畢業以後要幹嘛？如果日本 ISK 願意把熱浸鍍鋅防蝕技術教你們的話，台電會支持你，因為這對台後藤弘：「不要忘記別人曾經對你好，要妥善對待你的員工。」

▲蕭勝彥（右）對後藤弘社長（左）的第一印象是他好兇，不苟言笑。

▲後藤弘（右）與蕭勝彥勘查臺鍍觀音廠土地。

▲後藤弘（左）蒞臨臺鍍高雄廠開幕典禮剪綵，右為蕭勝彥。

電公司非常重要。」

回到日本，蕭勝彥去問了也在日本留學的表弟，表弟念市立大阪大學材料工程，成天泡在研究室開發新材料，與外面接觸少，也不擅長社交。表弟介紹一位臺灣的同學、臺灣路竹新益的楊崇華經理，楊經理也常去日本接洽業務，蕭勝彥請教他熱浸鍍鋅產業的前景，楊經理回說，「這個行業很有市場性，每次有外國客戶來詢價，都是好幾十個貨櫃的量，因為國外有很大的需求量，但臺灣沒有熱浸鍍鋅技術，所以都不敢接單⋯⋯。」

就是因為楊崇華經理這番話，給蕭勝彥吃了一劑定心丸，後來決定回臺灣設廠，如今回想起來，當時真的是很大膽。而且，蕭勝彥果真順利拿到台電的訂單，他常跟人說，「你只要抬頭一望，看到有生銹的電線桿，一定不是臺鍍的產品。」

蕭勝彥念商學院，每週只需去學校一、兩次，不像表弟必須整天泡在研究室裡，很多臺灣的朋友知道蕭勝彥在日本，經常拜託他幫忙找一些可以貿易進口的貨物，包括螺栓、螺帽、材料和零件。早期，臺灣還不會生產不銹鋼螺栓、螺帽，而且也沒有不銹鋼線材可以生產，都是從日本進口。

日本境內有五大高爐（煉鋼廠），他們的提煉技術遠超過臺灣，各廠都是用計畫生產，日本人信守承諾，對於固定的長期客戶提供穩定貨源，每次的產量都要經過會議協商，避免同業之間惡性競爭。路竹新益曾經透過一些小貿易商進口線材，結果被日本五大煉鋼廠列入黑名單，路竹新益董事長蔡登標拜託蕭勝彥幫忙在日本找貨源，蕭勝彥只得請後藤社長親自出馬，後藤社長擁有做材料冶金工程的背景，人脈很廣，找到了正規的代理商，順利得解決這件事。

臺灣做貿易的朋友聞訊，相繼拜託蕭勝彥，他也都是請後藤社長協助，蕭勝彥還因此挨罵，後藤社長不太高興，叨叨唸唸，「我也很忙，不要老是找一些阿哩不搭的事情來煩我！」蕭勝彥漸漸理解，日本人做生意講究「商權」（商業倫理），自己要先斟酌過濾，才能避免增加困擾。

後藤社長幫了路竹新益大忙，解決了棘手難題，社長每次到臺灣出差，蔡登標董事長都把他視為上賓，熱忱款待。為此，後藤社長乾脆成立了一家貿易公司「都商事株式會社」，專門協助中日採購一些螺栓、螺帽與不銹鋼線材。

籌備公司期間，後藤社長有時會找蕭勝彥吃飯，一起去洗三溫暖，都是社長付錢。事實上，後藤觀察蕭勝彥很久，認為這個年輕人守時，也守信，社長決定讓蕭勝彥去「都商事」上班，領固定薪水。不過，貿易公司經營了一陣子，後藤社長又覺得這個工作「很像乞丐」，只是在中間賺佣金，沒有自己的技術，後來就停止營業。

回臺創業 累積實戰經驗

蕭勝彥修完博士班課程，尚未完成畢業論文，因為他決定回臺灣創業，已經沒有時間寫論文了，「念商學院的實戰經驗最重要，學位不重要，開創事業比較重要。」一如當初那個決心留學日本的年輕人，心裡充滿展翅飛翔、放手一搏的渴望，如今，羽翼漸豐，他要試試自己單飛的能耐。

為了地利之便，公司及設廠地點選在離臺北不遠的桃園南崁，由多方出資：蕭勝彥、僑居日本已入籍的叔叔（瀨川壽）、後藤社長、石川社長、路竹新益蔡董事長，蕭爸爸也賣掉了臺中老家全部的祖田，全力支持兒子創業。後藤社長一直把蕭勝彥當作有心栽培扶植的「子弟兵」，日文漢字寫「**出世払い**」，他們一致同意把技術交出來，對一個三十出頭、初出茅廬創業的年輕人而言，有這些長輩「加持」是很強的後盾，只能全力以赴，蕭勝彥回想：「創業初期，滿腦袋都是想著『如何賺錢』，絕不能辜負長輩們期望……。」後來臺鍍真的賺到錢，蕭勝彥把這幾位長輩的大部分資本都還給他們，僅留下小部分股金。

一九七〇年代，臺灣還沒有熱浸鍍鋅的技術，其他工廠都是土法煉鋼，臺灣鍍鋅是以技術取勝，也是第一個拿到日本「ＩＳＫ株式會社」（Invention Superior Know-how，前身是「大

▲台電的螺栓、螺帽、輕鋼橫擔、礙子、線架……，都由臺灣鍍鋅負責熱浸鍍鋅。

阪精機株式會社」）授權合作的廠商。而且台電的供應商包括螺栓、螺帽、輕鋼橫擔、礙子、線架……，這些廠商在跟台電訂合約時，必須寫承諾書，註明由臺灣鍍鋅負責熱浸鍍，才能拿到合約，當時非常風光。

蕭勝彥回臺灣創業之後，後藤社長每一年都會來臺灣。有一次，蕭勝彥帶著社長回到臺中北屯老家，那時候蕭爸爸還健在，蕭爸爸雖然只有小學畢業，但很了解日本歷史、地理，日文甚至講得比社長還好，兩人見面，話題談得非常投機。蕭爸爸當面請託社長「好好照顧自己的兒子」，後藤社長毫不猶豫，慨然承諾。

蕭勝彥永遠忘不了，那天一起走出臺中老家，後藤社長語重心長叮囑他一件事，「千萬記住，以後不要帶日本客戶去你家，他們都很勢利眼，我擔心你會被看不起，嫌棄你們家是種田的，以後不跟你技術合作……。」蕭董談到後藤社長，滿心感恩，臉上泛起笑容。

一九九五年，日本發生百年罕見的阪神大地震，死傷超過五萬人，另有三十二萬人的住宅房屋倒塌，被迫住進臨時組合屋。後藤社長的老家在神戶，也是受災戶之一，整個建築都變成廢墟，臨時借住在附近的親戚家。蕭勝彥聞訊，專程趕赴日本探望，社長一見到蕭勝彥就傷心地哭了起來，那是蕭勝彥第一次看到後藤社長掉淚，蕭勝彥也難過地跟著哭了。後藤社長的住所需要重建，蕭勝彥跟太太商量，決定湊出一些錢協助社長興建住宅，以感念當年的栽培之恩。

後來蕭勝彥每次出差日本，後藤社長就堅持一定要住在他家，而且第二天的早餐總是特別豐富。蕭勝彥覺得很叨擾，曾經試著婉拒，社長很不高興。而且，後藤社長總是挪出時間，專程陪著蕭勝彥一起去泡三溫暖、按摩、吃牛排，彷彿重回當年在日本留學的情景。後藤的個性傳統，愛鄉愛土，蕭勝彥說想吃麵包，社長就好意勸阻，「日本的米飯很好吃，不要吃麵包。」

一九九一年，蕭勝彥特別請託臺灣知名雕塑家蒲浩明，替後藤社長塑立了二尊銅像，分別放在後藤社長日本的公司和臺鍍桃園觀音廠，社長看到那尊銅像格外高興。後藤社長因為長年肝疾纏身，必須定時服藥控制，他每次來臺灣，蕭勝彥帶他外出吃飯，他一定先開口向服務人員要一杯白開水，就是準備服藥。

社長的健康每況愈下，到了後期發生肝病變，身體愈來愈虛弱，蕭勝彥每次與他通長途電話，說要親自去日本探望他，屢遭阻止。蕭勝彥還記得，社長最後跟他說，「知道你的公司發展不錯，一直有賺錢，這樣我就可以安心地走了！」後藤社長過世之後，他的醫師兒子曾經來臺灣，專程到臺鍍桃園觀音廠拜訪，看到父親的銅像被放置在一樓大廳最顯著的位置，當場就紅了眼眶……。

熱浸鍍鋅 替國家省錢的產業

企業經營到了一個規模之後，就會開始注重社會責任，這是早期還在打拚階段不會想到的事。後藤社長曾跟蕭勝彥說，「不要忘記別人曾經對你好，要妥善對待你的員工。」臺鍍一開始就很賺錢，三十年前，蕭勝彥發給一位資深員工八十萬臺幣的年終獎金，這名員工覺得這個產業很有利潤，暗地裡找人投資，他成立的公司現在還在，但人卻已經不在世上了，遇到這種背信忘義的案例，蕭勝彥淡然處之。

蕭勝彥記得後藤社長跟他說過一件事，「我的日子過得不錯，雖然不是大公司，但沒有負債經營，買貨都是現金，規模做不大，但做得輕鬆，有些人事業做得很大，但天天擔心三點半，黑字倒產，雖然公司有盈餘，但應收帳沒收到，沒有週轉資金。」

蕭勝彥經營事業兢兢業業投入，公司賺錢，手上也累積一些多餘的資金。他曾經投資成立了晶片子公司，初期也賺到錢，上了興櫃，但擴充太快，持續砸下資金，並跟銀行借貸，結果遇到經濟不景氣，銀行「雨天收傘」抽銀根，資金週轉吃緊，弄到血本無歸。蕭勝彥想起後藤社長的那一番訓勉，深以為鑑，從錯誤中學到教訓，「做到第一或唯一，並不需要做到最大。」所以，臺鍍始終維持中小企業的經營規模，不再盲目擴充。

蕭勝彥：

「公共工程如果一開始沒做好，不注重防蝕問題，後患無窮……。」

澎湖觀音亭（上上圖）、彰化福興橋（上圖）、桃園龍潭大池吊橋（右圖）等橋梁所使用的熱浸鍍鋅鋼構，都是臺鍍出品的。

人都是經過一個階段、一個階段的不同需求，蕭勝彥現在做企業，賺錢已不是第一優先，他每次都耳提面命、不厭其煩地跟員工說，「我們是替國家省錢，現在很多工程已經發包出去，每一個工程都是好幾億，希望他們多多採用熱浸鍍鋅，要考慮能夠維持長久，這是生命週期的成本觀念。」他提起在臨海地區的某些縣市，有一陣子推動風力發電，後來換了縣長，計畫通通停擺，因為公共工程牽涉很多既得利益。

有一次，蕭勝彥想要去公共工程委員會拜訪主委，主委問他「你要談什麼議題？」蕭勝彥把相關資料整理好，前一天 e-mail 給主委，蕭勝彥以為只有主委接見他，沒想到主委把副主委、主任祕書、各處處長都找來，一起聽他報告。蕭勝彥開門見山指出，「公共工程如果一開始沒做好，不注重防蝕問題，後患無窮……。」

現在臺灣的鐵路要做高架化，需要使用熱浸鍍鋅防蝕技術。譬如臺中到豐原這一段鐵路工程，站體月台鋼構，都已經採用熱浸鍍鋅工法，鐵路局希望在靠海邊的高架鐵路可以做兩層防蝕，第一層用熱浸鍍鋅，第二層用油漆，但油漆要選密著度較佳的，否則容易龜裂剝落。而且，水分遇冷會結露，結露的水氣浸蝕到熱浸鍍鋅，也是會造成損害。

蕭勝彥把熱浸鍍鋅技術運用在覆蓋排水溝的「格柵板」，以前臺灣都是用鑄鐵，比較脆弱，車輛輾過去很容易就破裂，蕭勝彥引進的是一般鋼鐵再加上熱浸鍍鋅，頂多就是彎掉，排水面積大，水可以洩得快。另外，全國路燈也是蕭勝彥去建議當時的住都局改用熱浸鍍鋅，以往都是國慶大典前夕油漆一遍，但管子裡面會生銹，導致基座底斷裂，蕭勝彥去跟住都局建議，他們也接受採用，全臺灣的路燈都用了熱浸鍍鋅，不需每年油漆，不知道節省了多少公帑。

熱浸鍍鋅行業的前景好，蕭勝彥是真心喜歡這個行業，心裡也很納悶：「這麼好的防蝕方法，為什麼臺灣的人不知道要用呢？」因為向澳洲購買鋅塊，蕭董認識了當時澳洲ZALAS協會的人，邀請蕭勝彥一起去德國慕尼黑參加歐洲熱浸鍍鋅協會（EGGA）召開的會議，讓他第一次大開眼界，也深受啟蒙，終於了解全世界已有很多人在研究熱浸鍍鋅，這是一個先進而且崇高的行業，絕不是低賤的黑手工作。

那次年會有大學教授去演講研究成果，也有廠商去展示最新研發的設備，歐洲工程師稱這些公共建材為「街道家具」（street furniture），譬如水溝蓋、護欄板、格柵板、路燈……，所以一定要採用熱浸鍍鋅，好好得使用它，保護它，延長它的年限，運用很廣泛，「他們都很努力研發，幾乎每個國家都有『熱浸鍍鋅協會』，臺灣只有蕭勝彥一個人……。」他感慨，但也看到未來前景。

蕭勝彥從德國回來之後，跟日本鍍鋅協會講起這件事，日本的熱浸鍍鋅技術堪稱亞洲第一，他建議應該籌組亞太地區的熱浸鍍鋅協會。四年後，歐洲再度召開熱浸鍍鋅會議，臺灣工研院有一位材料工程師跟著蕭勝彥去，以後陸續有了更多同業一起去。日本的田中亞鉛株式會社也是由蕭勝彥帶他們參與了歐洲熱浸鍍鋅協會大會的活動，亞洲國家從此正式成為熱浸鍍鋅世界版圖的一分子。

臺鍍大學，業界領頭羊

國內業界稱蕭勝彥「臺灣熱浸鍍鋅之父」，似乎並不為過，蕭勝彥對這個產業有很強的使命感，始終走在最前面擔任領頭羊，甚至有人稱臺鍍是「臺鍍大學」，培養了非常多的後進，蕭勝彥不僅經常去大學演講，也提供獎學金，甚至自己出資創辦了一份專業雜誌《熱浸鍍鋅》，提供產官學知識交流平台。

臺灣熱浸鍍鋅市場真的是臺鍍開發出來的，不僅第一個自國外引進螺栓螺帽熱浸鍍鋅這項技術，臺鍍也是台電第一個熱浸鍍鋅技術專案認可合格的公司。而且，臺鍍不是獨占，而是為這個行業做出更大的餅。臺灣是外銷王國，以前工廠想接螺栓、螺帽國外訂單，但因為欠缺技術，都不敢接單，後來螺栓、螺帽工廠採用了臺鍍熱浸鍍鋅加工，每個月出口好幾個

▲蕭勝彥（左一）在後藤社長引領下進入熱浸鍍鋅領域，靠著自己一步一腳印，逐漸在臺灣發展出今天的規模，而蕭勝彥也從不懈怠，對他而言，推廣熱浸鍍鋅文化是這輩子的使命。

貨櫃，幫臺灣賺了很多外匯，央行外匯存底淹腳目，熱浸鍍鋅的功勞絕對值得記上一筆。

講得更前瞻，企業不只是獲利賺錢而已，還要盡到社會責任，取之於社會，還諸於社會，整體大環境好，企業才有未來。熱浸鍍鋅其實是符合節能減碳的「綠能產業」，鋼鐵要挖礦，挖礦就是資源耗竭，而且要經過冶煉過程，製造大量二氧化碳排放，造成環境污染。如果公共工程能夠延長使用年限，就不用挖那麼多礦，降低鋼鐵的損耗量，減少碳排放，熱浸鍍鋅能替國家省錢，估計每年可省好幾億，因為可以解決結構腐蝕的問題。

蕭勝彥擔任「中華民國防蝕學會理事長」以及「中華民國熱浸鍍鋅協會理事長」期間，經常去公共工程單位宣導熱浸鍍鋅的好處，譬如，公路總局正在興建中的淡江大橋，需要使用六、七千噸鋼筋，也是蕭勝彥跟臺鍍總經理蔡明達主動去做了簡報，建議中興工程要採用熱浸鍍鋅，得到的回覆是「會考慮」，後來，他們就真的採用了，六、七千噸的鋼筋全交給臺鍍，做加工防蝕。

師父領進門，修行在個人。因緣際會，後藤社長引領蕭勝彥走入熱浸鍍鋅領域，但後藤社長實際並未參與經營，蕭勝彥靠著一步一腳印，逐漸在臺灣發展出今天的規模。

二〇二〇~二〇二三年，Covid-19 疫情全球肆虐，很多產業都受到嚴重波及，關門倒閉早已不是新聞，而臺鍍的訂單卻一筆一筆接不完，一年三百六十五天工廠隨時都在趕貨。然而，蕭勝彥從未懈怠，因為推廣熱浸鍍鋅文化是一輩子的使命，「人家都說，蕭勝彥外表看起來像一個學者，其實，我根本是超級業務員，很多工程都是我去運作才成功的。」蕭董說得眉飛色舞。

Chapter 3

什麼是熱浸鍍鋅？

時序進入二〇二三年，元旦假期收到蕭董傳來的一則簡訊：「鋼材穿鋅衣，工程得第一」十個字。蕭董簡短說明，當天早上在家靜坐，思考該如何為熱浸鍍鋅產業找出一個響亮的宣傳口號，於是靈光乍現，想到這句話……。我不禁為之叫好，立刻回覆：「蕭老闆，你的神來之筆，寫得好傳神！」蕭董似乎也很滿意，因為終於「有人了解他的明白」。

過完二〇二三年農曆春節，臺鍍臺北的總公司遷入和平東路一段的新居，辦公室內部的裝潢、家具、桌椅，還有入口玄關處的天花板及牆面，幾乎清一色都是黑、灰、白，「因為鍍鋅就是這種顏色，」蕭董指著入口處的牆面說，「這些通通都做了熱浸鍍鋅處理了！」

「蛤？」我懷疑自己有沒有聽錯？辦公室隔間裝潢也需要用熱浸鍍鋅，這可真是稱得上「高規格」。蕭董解釋，「這座辦公室同時兼做臺鍍的展示間，建築師只要一走進臺鍍，就可以看見實際樣品，」他繼續說道，「日本建築大師安藤忠雄也是熱浸鍍鋅的愛用者，他有很多作品都用了這個防銹工法，再加上化成皮膜處理。」

如果你跟我一樣，並不是在建築工程界服務，初次聽到「熱浸鍍鋅」、「化成皮膜」這些專有名詞，應該也是滿頭霧水，這些字是什麼東東？代表什麼意思？怎麼寫？經過一年的訪查之後，我們終於了解「熱浸鍍鋅」與「化成皮膜」都是屬於土木建築防銹、防蝕的工法：「熱浸鍍鋅」是指把鋼鐵建材的表層鍍上一層鋅；「化成皮膜」是指利用化學或電化學處理，使金屬表面生成一種含有該金屬成分的皮膜層。

用熱浸鍍鋅替鋼材洗三溫暖

蕭董新春打油詩的神來之作「穿鋅衣」，如果改用一般人可以理解的普通話，這個工法是**把建築材料鋼鐵構件，用鋅液替鋼鐵材料「洗三溫暖」**。

為了理解熱浸鍍鋅的處理過程，我們曾經數度走訪位在桃園的臺鍍觀音廠，在熱烘烘的廠區裡實地走動見習。我印象很深，有一次是在八月底，由觀音廠長古天維替我們解說，那也是我第一次看到廠區裡堆著像座小山的鋅塊，鋅塊就跟金塊一樣講究純度，每一塊鋅的純度是九九．九九五，重量是二十五公斤，單價二千五百元，每捆有四十塊，那堆小山總共是一百六十件鋅塊，總價值四十萬臺幣。

古廠長透露，「倉庫裡面還堆著價值好幾千萬的鋅塊。」

我吐了吐舌頭，「這些都是貴重金屬，好值錢呀！」

古廠長點頭回應，「所以，我每天巡廠四次，要求倉管人員每天都要清點，防止被偷。」

觀音廠區現場施作的技師約莫十餘人，動作熟練地操作天車，先吊起鋼構，再放進一個規模相當於中型游泳池的長方形「鍍鋅槽」中，由於鋅的熔點必須達到攝氏四百一十九度，鍍鋅槽裡注滿了攝氏四百五十度高溫的鋅液，即使站在幾公尺遠的位置，都可以感覺整個人似乎都快融化了。

就像一般人洗三溫暖之前要先洗澡，鋼構「洗三溫暖」比較麻煩的是，前置作業必須先經過五道程序：**脫脂↓水洗↓酸洗↓水洗↓助熔**，然後才進入第六道程序：**熱浸鍍鋅**，冷卻及降溫，之後再把這些用鋅液浸泡過的鋼材整理打包入庫，最後才將這些的鋼鐵材料轉送到各處建築工地使用。

熱浸鍍鋅發揮「犧牲防蝕」功能

臺灣的熱浸鍍鋅廠南北大約有三十家，也都是臺鍍的競爭對手，但臺鍍的生產規模居冠，已是國內排名第一的龍頭。臺鍍觀音廠區有四千五百坪，興建於一九九三年，在此之前，蕭勝彥一九七七年創業時，工廠原本是設在桃園南崁，後來不敷使用，才遷廠至觀音工業區；臺鍍高雄廠於一九八三年正式啟用，面積一千六百五十坪；一九九四年臺鍍臺南廠落成，面積五千四百坪；可見成長擴張的速度相當快。

臺鍍的熱浸鍍鋅生產規模居臺灣之冠，堪稱國內龍頭。

◀臺鍍觀音廠。

▶臺鍍高雄廠。
▼臺鍍台南廠。

觀音廠長古天維個子不高，身形削瘦，早年從東勢高工汽車修理科畢業，做過汽車修理黑手，在臺鍍服務已超過四十一年，除了蕭董夫婦之外，就屬他最為資深。古廠長以前在九和汽車服務，是很受客戶歡迎的領班，本來他想自己開汽車修護廠，沒想到卻進了臺鍍，古廠長雖已超過法定退休年紀的六十五歲，但身體健康狀況不錯，尚未有退休打算。

「我沒進臺鍍之前，從來沒聽過熱浸鍍鋅這個行業，我在臺鍍學到很多沒有碰過的領域。」古天維即使具有專業汽車修理技師的背景，整天與汽車鋼板打交道，卻對熱浸鍍鋅領域完全霧煞煞，以前學校老師也沒教過。到臺鍍工作之後，每次有人問起古天維做什麼行業，他回說，「熱浸鍍鋅。」對方通常會接著說，「蛤？電鍍喔！」古天維耐著性子跟他們解釋，「熱浸鍍鋅不是電鍍，電鍍是使用化學藥液，用電解的方式把建材泡在藥槽裡；你看這個電線桿、水溝蓋，甚至海運貨櫃箱後面都有一道門鎖桿，上面有一層銀白色的熱浸鍍鋅，這是把鋅熔解之後再把鋼材放進去浸泡，可以防蝕，至少保用五十年不會生銹。」

使用熱浸鍍鋅工法，最大功能就是做**鋼鐵建材防蝕處理**。一般土木建築施工為了顧及建物的耐久性，都會做防蝕處理，才能防水、防風、阻擋空氣中的腐蝕物質等等。一般工法大多使用油漆塗裝，但如果是長期曝露在室外的大型鋼鐵材料構件，光是塗漆的防護力僅能維持短暫，撐不了長久，因此需要使用特別的工法。

經驗豐富的工程技師會依據腐蝕環境及目標，選擇最合適的防蝕方法，金屬鋼材防蝕以熱浸鍍鋅、熔射、電鍍等方式最被經常採用，選擇抗蝕性好的工法不僅可節省日後維修的經費，並能延長結構物的使用年限。抗蝕材料不一定最貴的就是效果最好，不當的選擇反而會加重腐蝕現象。

臺鍍熱浸鍍鋅，保用百年不生銹

蕭董很在意每一件由臺鍍處理過的鍍鋅防銹案件。大約半年多前，由業務副總李開志領路，我們跟著蕭董去了一趟桃園市復興區巴陵，因為巴陵有一個知名的「巴陵鐵塔」，當蕭董從李副總口中得知這個案子是由臺鍍處理防銹工程，興致勃勃地想去現場實地視察。

那天是初夏的六月中旬，一個豔陽高照、萬里無雲的好天氣，我們乘坐蕭董的黑色轎車，一路順著桃園高鐵站往南行，蕭董透過車窗玻璃，微微仰頭指著兩旁排排站的電線桿，自豪地說，「喔，這些電線桿都是臺鍍做的防銹。」

轎車沿著山路蜿蜒而上，靠山邊的排水溝蓋上面都加蓋了一層格柵板，蕭董盯著那些格柵板，沾沾自喜地說，「這些格柵板也是臺鍍做的防銹……。」我和夥伴文瓊坐在後座，兩人不禁會心一笑，我們的注意力都是放在欣賞窗外的亮麗風景，蕭董卻一直巡視著兩旁的路燈、陸橋、電線桿、水溝蓋……，觀測是否有做好防銹處理，心心念念都是熱浸鍍鋅。

座車駛達海拔一千二百公尺的巴陵「上巴陵」，遠遠瞧見那座豔紅色的鐵塔，矗立在藍天白雲底下，看起來很有氣勢。我們循著階梯拾步走上鐵塔，蕭董充滿自信說了一句，「這座鐵塔保用一百年不會生銹，沒問題。」

巴陵鐵塔位於海拔一千三百一十四公尺，發音與「一生一世」類似，二〇一八年底正式對外開放。根據網路媒體「蕃薯藤」新聞指出，巴陵鐵塔建於曾是日本人戒備森嚴的巴陵馬崙砲台，戰略位置相當重要，該處曾發生過多次泰雅族人英勇抗日事蹟。為了讓泰雅族人感受自由民主的可貴，鄉公所將砲台遺址重新活化興建巴陵鐵塔，並以此象徵勤奮、自由光芒亮起來，希望成為部落新景點，活絡後山觀光產業。

桃園市復興區公所參考著名的法國巴黎艾菲爾鐵塔，共投入經費一千三百萬臺幣興建巴陵鐵塔，主體設計的建築採用紅色，鐵塔加上塔尖的避雷針高度共二十九．五公尺，相當於十層樓高，號稱是桃園最高的地標，鐵塔頂端四周的菱形編織圖騰象徵泰雅族「祖靈之眼」，一旦入夜後，鐵塔搭配ＬＥＤ光雕投射，鄰近十個山區的原住民部落都能夠遠眺閃閃發亮的鐵塔。

▶採用熱浸鍍鋅工法的巴陵鐵塔保用一百年不會生銹。

▼由許多鋼板組成外觀特別的桃園展演中心，每一個零件都使用熱進鍍鋅防蝕防銹，不僅為了公共安全，更考量了LCC（生命週期成本）。

巴陵鐵塔很快就成為各地慕名而來的遊客拍照打卡的熱門景點，但也招致一些負面批評，有學者為文指稱，鐵塔破壞原住民部落山林生態，甚至夜間的ＬＥＤ光雕照射會造成光害，影響昆蟲生物存活。桃園市政府針對批評立即做了回應，強調這座鐵塔具有廣播器及基地台功能，作為各項災害訊息的廣播中心，而且，市政府曾與在地部落耆老研商討論，鐵塔造型原本是以復興區盛產的「水蜜桃」為設計，後來受限於地基，才改以「祖靈之眼守護部落」設計；為了減少突兀感以及與環境的不協調，選擇以紅漆造型與夜間ＬＥＤ燈光美化；至於點燈所造成的光害，市政府說，只有在假日晚間或是平日晚間整點才會有兩分鐘點燈，並不影響原鄉風情或生態環境。[1]

原住民部落族人與少數學者的擔憂，並不是沒有道理。一棟公共建築物興建完成，動輒持續存在三十、五十年，甚至超過一百年以上，規畫設計之初一定要考慮到對環境生態以及後代子孫的影響，蕭董語重心長說了一句，「唉，不能在官為官，只想到自己的政績，爛攤子丟給後面的人去收拾！」

從巴陵鐵塔回來之後，某天下午在臺鍍訪談，蕭董提及早在二十多年前就在熱浸鍍鋅協會組了一個「技術開發委員會」，成員一共有九位，包括工研院、台電、內政部建築研究所、交通部公路總局、臺大、成大等單位的土木建築專家學者，定期召開委員會議，協助政府的

CNS，制訂熱浸鍍鋅的使用規範，這個委員會也舉辦過很多次的專業研討會，推廣宣導熱浸鍍鋅的防蝕技術。

臺鍍創業四十多年來，已經累積了不少施工案例，這個技術委員會的功能之一，可以協助繼續追蹤這些工程的維護狀況，並做出實際的統計數據提供給相關單位參考，日後不管發包任何公共工程，初期規畫時就要重視LCC（生命週期成本）。

「鋅字招牌」，員工的幸福企業

如今，臺鍍在熱浸鍍鋅領域早已是領導品牌，也是同業中規模最大的廠商。不過，臺鍍並非是臺灣第一家熱浸鍍鋅公司，蕭勝彥跨入這個行業之時，臺灣已經有幾家鍍鋅廠，但幾乎都是土法煉鋼，品質粗製濫造，鍍鋅爐、設備、機具都不合標準，鍍鋅槽的溫度設定也不對，才剛鍍完的鋼板，鋅會脫落，附著度不夠，小的物件放入鍍鋅槽甚至黏成一團，還得再用人

1 資料來源：TVBS 新聞網 https://news.tvbs.com.tw/life/957843。

▲擁有專業汽車修理技能的古天維，卻陰錯陽差一頭栽進熱浸鍍鋅的領域中。

▶螺栓雖不起眼，卻是工程中不可或缺的要件，經過熱浸鍍鋅處理，可防蝕防銹，使用百年都不成問題。

▼大型的鋼構，需吊起再放進注滿了攝氏四百五十度高溫鋅液的「鍍鋅槽」裡，規模相當於一個中型游泳池。

工敲開，總而言之，問題一堆。

臺鍍起家主要是手上已握有兩家重要客戶：台電與中華電信。蕭勝彥說起一件趣事，當年籌備創業期間，需要為公司取一個名字，有一天因為接待一批從日本來的客戶，晚上安排住宿在臺北國賓飯店，他和表弟二人就關在飯店房間裡，你一言、我一語討論起來，「既然有台塑、台電、台肥，我們乾脆把公司取名叫『臺灣鍍鋅』（現已更名『臺鍍科技』），這樣人家一看，就知道我們是做什麼行業……。」所以，後來臺鍍員工外出接洽生意，很多人看到名稱都誤以為「臺鍍」是公營事業。

前國道新建工程局邱琳濱局長與蕭勝彥是多年好友，邱琳濱眼中的臺鍍是一間幸福企業，因為蕭董對員工很好，老員工很多，都捨不得離開。邱琳濱經常跟蕭董一起開會，觀察他對員工很體恤，臺鍍這些年的業績成長不錯，財務狀況穩定，如果老闆對員工不好，應該早就離開了。

「一個公司的擴展，老闆最重要，我看一個公司的成長就是先看他們的R&D部門，」邱琳濱舉例，潤泰集團的尹衍樑，自己擔任R&D部門的執行長，老闆如果不跳進來，R&D絕對不會有結果，「我對臺鍍的前景是樂觀的，因為老闆的心態很重要，蕭董雄心勃勃，鬥志昂然。」

加工營造業一向給人「3K產業」[2]的印象，一般年輕人大都不願投入，只能雇用外籍勞工。邱琳濱說，臺鍍不完全是一個下游加工廠商，現在雖大多還是使用人工操作，以後可以考慮使用自動化機器人，一方面改變工作環境，一方面可減低勞工事故發生；而設備也需要更新投資，甚至可以考慮跨域發展，這些都改進之後應可以吸引更多的年輕人。

邱琳濱邀請蕭勝彥加入「價值管理協會」，這個協會是一個公益平台，公司團體會員約三十家，個人會員二百多人。邱琳濱強調，價值管理從民間企業切入會更快，這是從臺北市捷運局時代就開始推動，代表作之一是臺北市「大安森林公園」的捷運站，因為信義路上有一個通行道，上面有很多污水管線必須避開，所以施工點就往公園端移動，捷運站是採開放式設計，還可以讓陽光進來，除了增加採光，還有綠色景觀，捷運站不僅提供通勤，同時變身為甚受歡迎的觀光景點，這就是用最低的價格達到最高的價值（或最大的產值），換算公式：V＝F/C（價值＝功能／成本）。

價值管理再往上推就是公司治理，即使是下游的加工廠也一樣，成本降低、流程縮短、品管查核，一樣可以達到這個目的，而且由民間的產業推動更快。價值管理協會輔導了很多小型製造業，任何產業都有可能做到價值管理，邱琳濱舉例，譬如汽車窗簾「皇田工業」，短短不到五年，已經是排名世界第二產值，「國際大品牌的汽車廠，凡是你想到的……幾乎都採用他們的窗簾。」邱琳濱加重語氣強調，即使產業不同，但很多製程、品管道理都一樣，包括企業的人資管理都可以運用這種概念來操作。

除了公事來往，邱琳濱和蕭勝彥也是球友，兩家人並成為知交，互動頻繁。有些公部門高層不太願意和民間企業主打交道，公部門的關關卡卡太多，動不動就質疑你是否圖利特定對象，擔心被批評私相授受，這個大帽子一扣，大家都格外小心謹慎，「我在公部門三十五年生涯從未被檢調單位約談調查過，因為心裡永遠很清楚有一條不能跨越的『紅線』在那裡，大家正正當當交往，才能結為終身好友。」邱琳濱大器說道。

2 3K產業，即日本人口中的「3K仕事」，「3K」指的是：骯髒（汚い，Kitanai）、危險（危険，Kiken）、辛苦（きつい，Kitsui），英文則是說「3D Job」：Dangerous, Dirty, Difficult。

至
上
進入廠區
請戴安全

Chapter 4

小心，環境風險就在你身邊！

地球持續暖化，氣候專家愈來愈難以掌握預測大氣層變化，生活中隨時可能遭遇到氣候變遷所造成的風險，這已是人人都躲不了的處境。

絕不是危言聳聽，由「德國看守協會」（Germanwatch）於二〇一二年提出的「全球氣候風險指數」（Global Climate Risk index, CRI），分析各國各年度因極端天氣事件所造成的死亡人數、經濟損失，並據此進行全球排名，一九九八年至二〇一七年間，全球共發生了超過一萬一千次極端天氣事件，造成五十二萬六千人死亡，帶來的經濟損失約為三・四七萬億美元。「全球氣候風險指數」是根據德國「慕尼黑再保公司」所提供的全球數據，用以顯示各國在氣候變遷之下的危險程度與概況。[1]

舉一個例子，曾經造訪紐西蘭的人都知道，紐西蘭分為南島與北島，北島最大城是奧克蘭，南島最大城是基督城，兩島之間並無實質連結，來往交通必須搭乘飛機或渡輪。二〇二三年一月二十七日，正值臺灣農曆春節長假收尾，紐西蘭北島奧克蘭發生極罕見的暴雨，深水過膝，淹沒了道路和機場，所有班機無法降落起飛，一千名旅客受困，並有三位居民不幸溺斃。紐西蘭政府緊急宣布，所有飛機起降移至南島基督城，一時班機大亂，歸心似箭被迫滯留的旅客無數。

紐西蘭北島暴雨，南島也一併遭殃。過去一般人經常耳聞的「蝴蝶效應」或「連鎖效應」，發生在全球氣候變遷的案例尤其明顯。尤其是近十年來，氣候變遷堪稱是當前人類面臨最迫切棘手的議題，極端氣候在世界各地引發一連串天災人禍，包括異常乾旱、暴雪、暴雨、洪水、超級颱風、火燒森林等，並已嚴重威脅到人類、動物、植物以及其他物種的生存環境。

二〇五〇零碳排，不能債留子孫

聯合國大聲呼籲，全球各國需加速制訂改善目標，積極尋找解決方案。聯合國並在二〇一五年宣布十七項「永續發展指標」（SDGs-Sustainable Development Goals），引導各國共同努力，以減緩日趨惡劣的氣候議題，朝向環境永續發展目標前進。ＳＤＧｓ指標已成為全球共通語言，約有一百四十餘個國家一致承諾，以ＳＤＧｓ為發展手段，確保不會對後代子孫造成負面影響。

為此，世界各國領袖集聚法國巴黎，共同簽訂巴黎協定，一致同意減少二氧化碳排放量，降低氣溫上升，並設定「2050 NetZero」，截至二〇五〇年止，全球升溫不超過攝氏一．五度，

1 資料來源：非營利網路媒體「環境資訊中心」。（https://e-info.org.tw/node/215476）

最終達到「淨零排碳」目標。歐盟帶頭率先啟動「碳邊境調整機制」（又稱碳關稅），最快於二〇二三年試行。臺灣預計在二〇二四年針對碳排二・五萬噸以上的「排碳大戶」徵收碳費，但遭環保團體批評「時程太晚」。

氣候暖化，由來已久。二戰之後，資本主義掛帥，「線性經濟」為主要的生產與消費模式，從自然環境開採原物料，製造成商品銷售，產品故障就丟棄，快速消耗了地球上有限的資源，也造成一連串的環境破壞，並危及到人類、動物、生物等所有物種的生存環境。如今，追求環境永續成為首要之務，並且強調循環經濟，追求「零廢棄」，需要更多新的思維與方法打破線性經濟，讓有限的資源在產銷系統中循環使用，不僅延長產品生命週期，也發展共享經濟等創新模式。

譬如，家中的電風扇故障了，你會送去修理，還是再買一台新的？早期物質缺乏年代，電器是昂貴的投資，一旦損壞通常先嘗試修理，不會輕易丟棄。但是曾幾何時，生活中出現愈來愈多一次性消費品，手機、電腦、家電產品等，一代換一代，快速地被「計畫性淘汰」，地球不斷地產生大量的廢棄物。

在臺灣，近來有一群人倡議「以修理代替丟棄」，中山大學社會系教授邱花妹在南臺灣發起「南方修理聯盟」，主張用「修理」的力量，把浪費資源的「線性經濟」彎成一個圈，

全球暖化不僅是氣候模式受影響，
更衝擊對環境極為敏感的生態，甚至引起大規模物種滅絕，
以及糧食危機等問題，追求環境永續成為首要之務。

▲ 2015 年聯合國宣布的 17 項「永續發展指標」。（圖片來源：Sustainable Development Goal 網站）

◀位於荷蘭阿姆斯特丹的修理咖啡館。（圖片來源：Repair Cafe International）

形成可以永續發展的「循環經濟」。

修理聯盟這個概念其實來自荷蘭的「修理咖啡館」（Repair Café），這是一種自發性的社會運動與公民集會，二〇〇九年起源於荷蘭，逐步擴展到全球，作法是在社區提供一個聚會的場所，讓擁有專業修復技術的人與需要修復物品的人，可以聚在一起，有技能的志工幫助上門的顧客修復已經損害的各種物品，在等待修復期間，顧客可以享用咖啡，進行閒聊；想學習修復技術的人，也可以到這個地方交換技術心得與技巧，讓修復的技能可以傳承下去，還能保持社區居民之間的友好關係。[2]

歐洲啟蒙之旅

節能減碳、打造永續環境是每個人的責任，而企業一向被批評為製造環境污染的最大元兇，更是無法置身事外。臺鍍董事長蕭勝彥曾說，早年剛開始創業的時候，正逢全球經濟起飛的年代，幾乎所有企業只想到要營利賺錢。當時，他也認為熱浸鍍鋅這個行業很有前景，因為光是訂單都接不完，並沒有考慮環境永續問題，企業對節能減碳普遍也都沒有概念。

直到一九八五年，有一位臺鍍的澳洲鋅塊供應商、同時也是「鋅鋁鉛公會」的成員，邀請蕭勝彥到德國慕尼黑參加「歐洲熱浸鍍鋅協會大會」，那次讓他打開眼界，他萬萬沒料到，熱浸鍍鋅竟然是一個「綠能產業」，不僅深受啟發，自此之後，**「為環境而戰」**更成為他畢生努力的使命與職志。

蕭勝彥回顧，那趟德國之行對他是一個很重要轉捩點，全球一流的防蝕工程專家每隔四年齊聚一堂，共同研議有無更好的耐蝕方法、更節省能源的燃燒系統、更耐用的熱浸鍍鋅鍋、如何將電腦應用在熱浸鍍鋅產業，讓他甚為驚訝，「歐洲竟是如此重視公共工程防蝕保護，而且把它當成一門很重要的專業知識。」那時候，電腦才剛開始被企業採用，歐洲的工程專家已經在思索如何做到更節省能源。

蕭勝彥在會場聽到大家討論熱烈，不禁反躬自省，亞太地區是屬於高溫、高濕的氣候，也是鋼鐵最容易產生銹蝕的環境，「但除了日本和澳洲重視之外，似乎大家都忽略了，都沒有注意到防蝕議題的重要性。」

蕭勝彥立刻詢問日本熱浸鍍鋅協會的理事長田中忠男先生：「我們是否也可以在亞太地區成立熱浸鍍鋅協會，與歐洲一樣每四年召開一次大會？除了亞太區會員，同時讓世界各

2 資料來源：維基百科。

國代表也來參加？」田中理事長認為這個提議甚好，表示願意全力支持。回臺灣之後，蕭勝彥便開始積極運作，也組織了籌備會，不久，即正式成立 APGGA-Asia Pacific Galvanizing Association，會址就設在臺灣，每一個會員國都繳交了十五萬美金入會費。

一九九二年，第一屆亞太熱浸鍍鋅會議正式在臺北市中央圖書館舉辦，日本代表團就來了近一百位團員。這中間還有一小段插曲，當時有會員代表認為，日本的熱浸鍍鋅技術比臺灣先進，第一屆會議應該在日本舉辦，唯獨田中先生力排眾議，支持在臺灣舉辦，他語重心長地說，「我們到歐洲參加過那麼多次的熱浸鍍鋅大會，都沒有想到要在亞太地區籌組協會；蕭先生才第一次來參加，就想到要在亞太區成立，是有心之人；而且，臺灣發展熱浸鍍鋅才剛起步，我們一定要支持臺灣，會議先在臺灣舉辦……。」由於田中先生的這番話，臺灣拿到第一次的主辦權，提起這段往事，蕭勝彥迄今非常感念田中忠男理事長情義相挺，也讓APGGC（亞太地區熱浸鍍鋅會議）一直順利運作到今天。

二〇二三年四月，在日本舉辦的第十二屆年會中，蕭勝彥特別發表了一段英文演說，除了公開向田中忠男先生致意，並且呼籲，熱浸鍍鋅給外界認知的形象一直是「3K 產業」，但科技愈來愈發達，建築材料也持續在進步，未來可導入自動化生產，譬如機器人，並以智能方式製造，以符合節能減碳的需求，達到零碳排量，最終能脫離傳統 3K 產業的刻板印象，

▲2023年4月，蕭勝彥在日本舉辦的APGGC（亞太地區熱浸鍍鋅會議）第十二屆年會中，特別呼籲，熱浸鍍鋅產業能以智能方式製造，以符合節能減碳的需求，達到零碳排量，最終能脫離傳統 3K 產業的刻板印象。

▼參加 2023 年 APGGC 的臺灣業者合影。

「各位，我們還有很多努力的空間。」他語重心長期許。

全民為環境永續而戰

一般民眾對於公共工程建設大都渾然不覺，但其實與每個人的日常生活唇齒相依，關係非常密切，包括公路、橋梁、機場、鐵路、水庫、發電廠、展演會場、紀念館……，甚至家門口的排水溝蓋、巷弄裡照明的路燈、附近社區公園的遊樂設施，公共工程無所不在，而且只要任何公共工程出現閃失差錯，譬如漏水、銹蝕、斷裂，總是會造成生活不便，更嚴重者引發社會不安。

公共工程使用非常大量的大型鋼材，這些公共建築每天在戶外承受風吹、雨打、日曬，受損腐蝕無時無刻不在發生，不僅會破壞建築物的主體外觀，甚至嚴重到不堪使用，一旦再遇到颱風、地震、火災等不可抗力的自然環境災害，如果當初的施工品質不佳，很容易造成傾塌、斷裂、瓦解，甚至釀成殺傷力更強的公共安全事件。

南方澳大橋斷裂事故

二〇一九年十月一日，發生了震驚全國的宜蘭南方澳大橋斷裂事故，很多人記憶猶新。當天上午九點半左右，南方澳大橋的橋身突然無預警地坍塌斷裂，橋上正好有一輛載著燃油的油罐車行經，立即掉落橋下被鋼梁壓住，並起火燃燒，另有三艘準備出港的漁船也被壓在橋面下。救災單位立即出動二百多名軍警人員參與搶救，電視新聞播出驚悚的畫面，這樁事故造成六人當場罹難，十二人輕重傷，南方澳漁港的航行通道完全被阻塞，更導致六百多艘漁船無法進出；除此之外，附近有二千五百戶居民則因為電線被壓斷而停電。

經過將近三年的調查，南方澳大橋事故調查結果至二〇二二年八月三十日才出爐，斷裂主因是吊索系統的鋼絞線、錨頭嚴重銹蝕，導致承載力不足，經年累月受到有鹽分的積水滲入，而且檢調單位深入追查，當初施工沒有做好防水設施，責任歸屬為「人為疏失」，承包商未按圖施工，監造單位未確實監造，蘇澳港營運處多年未做檢測追蹤，未能及早發現銹蝕等，一連串的工程施作失誤導致悲劇發生。[3]

3 資料來源：維基百科。

澎湖跨海大橋重建

南方澳跨海大橋斷橋事件連帶引發澎湖民眾不安，因為澎湖擁有遠東第一長橋跨海大橋，一九七〇年十二月通車，澎湖跨海大橋落成時號稱是遠東第一大的橋，但因澎湖當地風浪強勁，且常飄鹹雨（當地稱「鹹水煙」），跨海大橋不僅面臨強勁的風浪，又因大型客運、貨車、軍車經常超載通行橋梁，使得以預力混凝土為主要結構的橋梁撓曲，產生細微的龜裂，海水滲入裂痕中的混凝土導致鋼筋銹蝕，而銹蝕的鋼筋又造成混凝土裂損脫落，最後使得高拉力的鋼線、鋼管也接連腐蝕。澎湖大橋僅通車五年的時間，橋梁的鋼筋便發生十分嚴重的銹蝕情形，因不堪多次維修效果不彰，遂於一九八四年決定於旁邊另蓋第二代新橋，舊橋於一九九五年十月拆除。

第二代新橋於一九九六年三月完工並通車至今，是連接白沙至西嶼重要陸路通道，長度達二千四百九十四公尺，除了是澎湖重要觀光景點外，更是澎湖西嶼出入馬公唯一門戶，安全維護格外重要。

強化公共工程生命週期

公共工程工安事件層出不窮，危及人命，蕭勝彥每次看到新聞都深覺不安，尤其從歐洲熱浸鍍鋅大會回來之後，左思右想，如果全臺灣有更多的人理解，鋼鐵可以先拿去熱浸鍍鋅，就不會生銹了，如此就可以保護資源，節省能源，「像熱浸鍍鋅這麼好的防蝕工法，居然有這麼多人不了解，既然我已經身在這個行業，應該要對國家社會做一些貢獻。」

就是出於這樣一個念頭，自此，一生懸命，蕭勝彥開始努力宣導「公共工程的永續與安全議題」，經常主動拜訪政府工程部門，並以國外案例提出具體建議：世界各先進國家規畫興建公共工程都會把「生命週期成本」（LCC-Life Cycle Cost）列入設計考量。

ＬＣＣ的思考邏輯概念很容易理解，就像人類的壽命一樣，人類如果維持良好的營養與健康，就能無病無痛，活得長久；任何建築物也都有生命年限，而建築物本身的耐久性與防蝕性，就是決定生命週期長短的關鍵因素，任何工程在初始的規畫設計以及日後的使用與維護，都需要一併把ＬＣＣ考慮進去。

政府部門某些位居高位的首長，雖然也有ＬＣＣ的概念，但並未嚴格要求執行。蕭董有一次經人介紹，去拜訪某個工程單位的首長，毛遂自薦要去做ＬＣＣ簡報，對方連聲推說「我知道，我知道」，蕭董立刻聽出弦外之音「其實他不知道」，但蕭董不動氣，反而樂觀看待，「我觀察臺灣的工程界，至少有一半的人不知道熱浸鍍鋅這個技術，這表示我還有很大的努力空間，這也是我要去做的工作，就是不停的宣講熱浸鍍鋅與LCC的觀念。」

有一天，蕭董看到報紙新聞，國內一位知名建築師標到一個大案子，蕭董當下決定親自拜訪這位建築師，特別請託實踐大學建築設計系王俊雄副教授居中引見，王俊雄一臉詫異問道：「熱浸鍍鋅是一個很成熟的防蝕技法，土木工程界應該很多人都知道，你怎麼還這麼忙？還要四處去拜訪？」等到蕭董實際見到那位知名建築師，察覺到對方也不太懂，推說「鋼構廠嫌熱浸鍍鋅加工很麻煩，他也很無奈」。蕭董推測，「大概就是一個唬一個，因為都不懂，所以才會被唬弄。」這是土木工程界常見的生態。

前國工局長邱琳濱不諱言指出，以前臺灣早期的公共工程很多都是「霸王條約」，包括議價、圍標、指定發包、合約訂定，產生太多糾紛，引起很多公平合理的爭議，因為詬病太多，後來公共工程委員會成立，建立SOP，也讓產業界的營造廠商得以生存。追根究柢，公務行政就是文書作業要很清楚地記載，過程要鉅細靡遺，「國內營造廠可憐，很會做工程，卻不會保障自己的權益，打起官司缺少白紙黑字，百口莫辯，」邱琳濱忍不住替工程業界抱屈，「我碰過的事情太多了，三天三夜講不完……。」

▲工程裡的鋼構使用熱浸鍍鋅當防蝕的底漆，表面再塗上油漆，可以延長生命週期，減少維修成本。

臺鍍在進入公共工程領域時，臺灣的工程環境並不好，不容易生存，蕭董創業沒多久，就與邱琳濱局長結識。那時候國工局正在做北二高，使用了很多的替代工法，也開始採用熱浸鍍鋅，臺鍍是其中一個鋼構廠的下游熱浸鍍鋅加工廠。邱琳濱擔任北二高工程處處長，偶有接觸，也實際到工地現場訪視，後來兩人是在防蝕學會開始接觸較多，蕭董籌組的「熱浸鍍鋅協會」是其中的一個協力社團法人，每次幾乎都是在研討會還有理監事會議中相遇。

邱琳濱後期轉入半官方的財團法人的顧問公司服務，彼此互動更多，大部分都在討論工程法規，也盡量協助蕭董把「熱浸鍍鋅協會」推到公部門。邱琳濱在中興顧問服務時，曾經專程陪同蕭董去中鼎工程拜訪，探詢他們為何沒有使用熱浸鍍鋅工法，後來了解因為早期的規範沒有做好，而且業界不了解，觀念認知不清楚，因此推廣工作變得很重要，他建議蕭董，「臺灣的產業界常會打來打去，這樣不好，是因為不了解，你要從設計顧問公司、設計師、投資主的立場，多去做教育宣導。」

永不放棄的「教育」工作者

蕭勝彥當過國中老師，一名真正熱愛教育的老師通常會有一種「**不輕易放棄任何一位學**

生」的使命感，蕭勝彥很明顯具備這種特質。當年他自掏腰包出資編印的《熱浸鍍鋅雜誌》（後來移交中華民國熱浸鍍鋅防蝕技術研究基金會發行），聘請大專院校教授、工研院工材所專家擔任編輯委員。

油漆一直是最常見的一種防蝕技法，任何油漆都可以根據底材的需要進行塗刷，施工比較簡單，目前已發展出奈米漆，也具有高度防蝕效果。但油漆的缺點是易脫落，每隔五～七年就需要重新粉刷，若是大型工程消耗量較大，施工現場還得實施交通管制，造成擾民，較不符合LCC成本。此外，現在面臨高齡社會，有經驗的熟手油漆技工難找，要爬到很高的地方油漆噴塗，很多工人都不願意。

蕭勝彥苦口婆心，積極教育宣導熱浸鍍鋅防蝕，漸漸起了效應，一位油漆業的前輩特別邀請他演講，並捐了五萬元給「中華民國熱浸鍍鋅防蝕技術研究基金會」，表示全力支持，「熱浸鍍鋅可以當防蝕的底漆，油漆可以當防蝕的面漆。」這位前輩當時親口對蕭董說了這句話。

然而，商場競爭一旦牽扯到利益，原本的友好關係卻因此而變調。這位前輩逐漸感受到，採用熱浸鍍鋅防蝕的工程案愈來愈多，油漆市場恐被取代。有一回，蕭董與油漆界前輩共同出席一個研討會議，這位前輩忍不住發了一些牢騷，「雖然熱浸鍍鋅很不錯，但現在大氣環境改變，酸雨很多，含酸量太高，我們實在不應該再用了……。」

蕭勝彥「不輕易放棄任何一位學生」的使命感，自掏腰包出資編印《熱浸鍍鋅雜誌》，並聘請大專院校教授、工研院工材所專家擔任編輯委員。

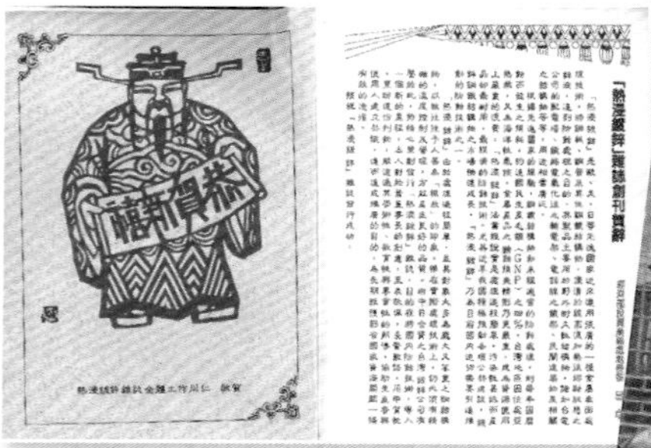

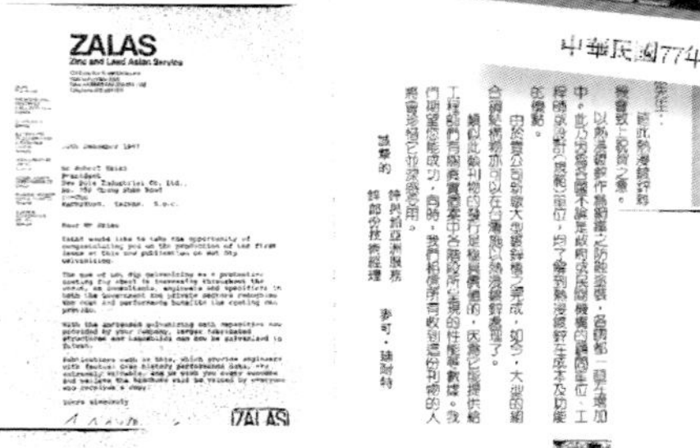

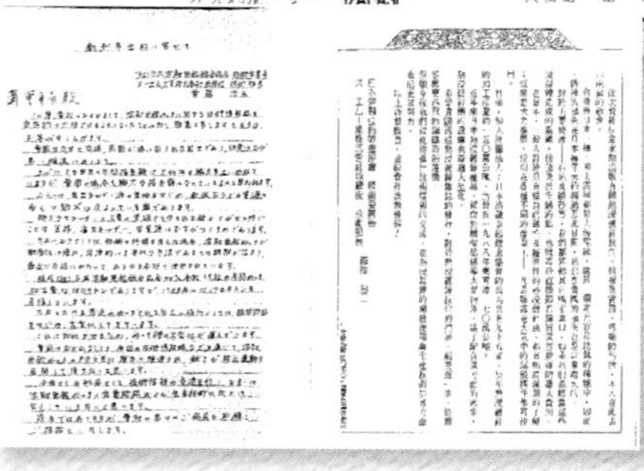

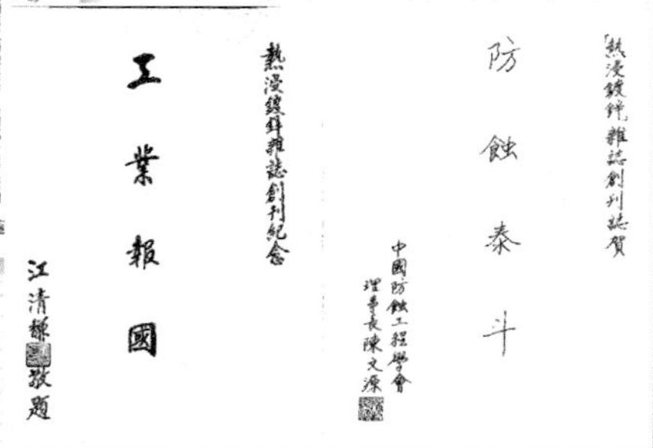

▲民國 77 年 1 月 1 日創刊的《熱浸鍍鋅雜誌》，珍貴的創刊號上有許多國內外業界人士的賀詞與祝福。

平日個性一向溫和的蕭董，覺得前輩說的話過度誇張，實在聽不下去，立即出言反擊，「熱浸鍍鋅技術在西方使用一百多年了，已經是很成熟的防蝕技術，如果不好，早就消失了！你過去也很支持，還捐錢給基金會，不應該碰到個人商業利益就改變口徑……。」現場氣氛頓時陷入僵局，臺大土木系教授陳振川趕緊出面打圓場，「大家好好討論，不要再吵了！」當天的會議弄得不歡而散。

雖然，蕭董與那位油漆界前輩並未就此決裂，後來在「中華民國防蝕工程學會」也碰過很多次，彼此也會打招呼，但關係漸行漸遠。這位前輩已經過世多年，蕭董每每提及此事，心中仍有遺憾。

企業都有社會責任，臺鍍推廣熱浸鍍鋅是為了社會環境永續，是因應社會需要而存在，而不只是牟利，否則多一家或少一家企業，對一般大眾並無差別，維持環境永續才是經營企業的王道。

Chapter 5

未來工程師，大步向前行！

社會進步與現代化絕對與工程師脫不了關係，尤其是在經濟衰敗的年代，政府常以諸多重大建設來刺激經濟發展，公共工程更被視為帶動社會經濟的火車頭，工程師則是扮演關鍵性的角色，站在引領社會前進隊伍的前端發揮影響力。

如果你跟我一樣是四、五年級生，一定還記得臺灣在一九七〇年十大建設時代，最具代表性的重大公共工程包括：南北高速公路（中山高速公路）、北迴鐵路、中正國際機場（現已更名「桃園國際機場」）、鐵路電氣化等，十大建設總投資金額高達臺幣三千億元，扭轉了臺灣整體發展局勢，經濟一飛沖天。當時，有「趙鐵頭」威名之稱的中鋼董事長趙耀東，曾經公開指出，鋼鐵是一個國家的火車頭重工業，對任何產業直接或間接都有貢獻。

十大建設之後，繼之而起的是臺灣資訊科技產業，以宏碁電腦（acer）為首的臺灣自創資訊品牌大軍，不論是硬體裝置開發或軟體程式設計，不斷地在國際市場攻城掠地，開拓出另一片領域，直到今天，宏碁在美國、法國、德國等市占銷售都是位居第一，知名度始終維持長紅不墜。近二十年來，另一個甚受矚目的則是「台灣積體電路製造公司」（簡稱「台積電TSMC」）的崛起，從原本只是一家從事晶圓代工的小公司，變身成為全球規模最大的半導體製造廠。二〇二一年八月，台積電名列美國《財富》雜誌「全球最大五百家公司」排行榜中，營收規模被評選為全球第二百五十一名，是紅遍全球半導體產業的當紅炸子雞。[1]

在這些成功案例的背後，除了政府領導人與企業創辦人初始的雄心、魄力、遠見，也都是因為有為數龐大的工程科技人才做為堅實後盾，持續發揮所長，貢獻聰明才智，才能為整體社會經濟撐起一片天。

然而，跨入二〇二〇年以後，人類社會面臨的挑戰已和過去截然不同，科技與經濟發展可謂已達到極致，太空科技、超音速飛行器、奈米技術、ＡＩ人工智慧、生技醫療，幾乎無所不能，但人類並未因此而得到更好的生活福祉，反而因過度發展而造成全球氣候變遷、生態破壞、環境污染、資源耗竭，並已嚴重危及到我們生存的地球，也使得人類不得不停下腳步，回頭好好省思當今這個至為重大的議題，**「我們該如何改善並遏止，才不會讓情況繼續惡化下去！」**

尋找未來「領頭羊」

每年三月四日是「世界工程日」（World Engineering Day, WED），聯合國教科文組織

1 相關資料來源：維基百科。

工程師在整個基礎設施生命週期為『零碳排』做出貢獻，
這是得天獨厚而且其他職業無法獲得的獨特性。

▼太陽能是緩解氣候變遷、減輕碳排放的重要能源利器，
但太陽能板壽命終究有限，未來要如何處理並更換，是未來的一大挑戰。

（UNESICO）把這一天訂為「促進永續發展世界工程日」，以彰顯工程師對當今世界的重大貢獻。

二〇二〇年三月四日，全球世界工程日的慶祝活動集聚在澳洲召開，這次的會議提出一個非常重要的倡議：**「未來我們需要什麼樣的工程師？」**出席會議的成員並歸納出一個結論：**「要成為未來的工程師，需要具有邏輯的思維，想像有什麼是可能的，掌握紀律嚴明的流程管理，理解事物運作的方式，有勇氣挑戰不了解的領域和技術，以及敏捷的創造力。」**

為了慶祝世界工程日，Discovery 探索頻道與聯合國教科文組織和世界工程組織聯合會合作，進行了全球調查，調查項目側重於工程的未來，並詢問了工程師應對這些挑戰的信心，超過一萬名工程師和技術人員對調查做出了回應，調查結果顯示：**保護網路空間安全、發展低價乾淨的能源、維持陸地和海洋生態、永續與彈性修復的基礎設施**，被列為未來二十五年世界面臨的四大挑戰。[2]

2 工程師全球調查的十大挑戰依序是：保護網絡安全、低價的乾淨能源、維持陸地和海洋生態、可永續使用以及有復原力的基礎設施、可永續發展的城市、獲得清潔的水和衛生設施、清新的空氣、食品安全、預防和遏制流行疾病、開發和提供更好的藥物。保護網路空間安全雖被列為未來最艱鉅的全球挑戰，但有超過六成的工程師樂觀地認為「這是可以解決的」；但對於維持陸地和海洋生態的永續性，則普遍表示最不樂觀。雖然先進技術變得愈來愈容易取得，但工程師也同時面臨道德考驗，譬如，組織機器與人之間的介面，如何承擔責任並利用影響力來實現更好的社會成果。

那麼，我們不禁要問，面對當今人類共同的挑戰，工程師會挺身而出嗎？為了「找到更好的永續供應能源，讓居住的環境（地球）更有效地運作」，以達到聯合國改善全球氣候變遷與環境永續發展，實現「二〇五〇零碳排」目標，工程師能否繼續發揮「領頭羊」的關鍵角色？

固然沒錯，「環境永續」不只是工程師的任務，而是全體人類必須共同承擔的責任，但此時此刻，面對這些亟待解決的課題，我們需要有人站在隊伍前面引領方向，我們需要的不是那些口無遮攔、言而無信的政客，也不是高談抽象概念理論的哲學家，我們迫切需要的是能夠提出具體實際解決方案的科學家，以及有積極實踐行動能力的工程師。

無庸置疑，工程師必須挺身而出，以影響未來的決策。工程學科的多樣性，包括道路與建工程或電力輸送的排放量，工程師可以擔任節能減碳的重要推手，在澳洲召開的世界工程會議甚至有專家指出，「工程師在整個基礎設施生命週期為『零碳排』做出貢獻，這是得天獨厚而且其他職業無法獲得的獨特性。」

舉例來說，為了在未來幾十年產生有意義的影響，當今基礎設施的規畫和評估過程需要根據「零排放」目標減少排放量，工程師可指定使用組件延長壽命，以減少維護和更換，並在使用壽命結束時再利用或回收產品和材料，以降低建築垃圾。

面對未來挑戰，大多數受訪者認為最大的障礙是，缺乏政府和政策制定者的必要支持；尚未開發出必要的技術；學科之間的跨領域合作太少；對於創新的工程解決方案沒有足夠的公眾民意支持。除此之外，還有一個也是受訪者普遍擔心的問題，超過半數的人認為：**未來將面臨全球工程人才短缺**。[3]

這樣的結果讓人不禁憂心疑慮，我們在哪裡可以找到這些未來工程師呢？要回答這個問題之前，可能得先回答另外三個前置性的問題：

一，工程師是怎麼「誕生」的？成為工程師是與生俱來的天賦？還是靠後天訓練培養？

二，工程師的責任與使命？譬如，解決問題的能力？研發新材料、開創新技術的能力？

3 為因應全球科技及產業快速發展、轉變中所需人才的學習需求，教育部自二〇一九年開始推動「新工程教育方法實驗與建構計畫」，鼓勵大學院校工程相關學系重新思考課程架構，以真實工程問題串連必修課程，讓科目之間的連貫性更明確，並透過教學設計誘發學生學習的動機與熱情，再經由知識的轉化與實踐統整，提供敏捷且紮實的養成課程，回應產業發展變化快速的人才需求。

例如，臺大土木系將課程從大一面對「玩具問題」（toy problem），到大三面對專業實務挑戰的層次重新架構，並透過主題式課群培養學生具備分析與設計、整合理論與實踐的能力；南臺科技大學電子系以箍桶為名，傳達「做中學」的教學理念，課程設計以培養學生具備解決「現實工程問題」之能力為主軸。

透過新的課程架構大規模調整過程，學生在專題實作表現更加成熟，更能整合運用更多種知識來完成作品，參與學系也形成新的教學設計風氣，原本個別獨立授課的教師，會一起合作討論不同課程串聯方式，調整知識單元教學順序，幫助學生跨課程組織學習結果，替未來工程人才培育展現更與時俱進的新樣貌。（資料來源：教育部全球資訊網）

三，工程師在提供韌性具有修復力的基礎設施產業，譬如，防蝕（熱浸鍍鋅）技術，可發揮的任務與功能？

沒有天生的工程師

長久以來，工程界大多是以傳統的思考邏輯來挑選工程師。譬如，大人預測小孩未來的發展，幾乎都是從孩子的興趣和擅長著手；細心的父母觀察他們三歲的孩子在組裝樂高積木達到的高度與複雜度；或者，在理工機械方面具有傑出表現的學童；或者，發掘找出擅長數學和物理科學的學生；只要稍有蛛絲馬跡，大人們樂觀地期許，「嗯，這孩子以後應該是一位優秀的工程師。」

但千萬不要因此以為工程師是與生俱來，回答第一個前置性問題，邏輯相當簡單，就像音樂家是怎麼誕生的，答案昭然若揭，從過去到現在僅有一%像貝多芬、莫札特之流，真正對音樂具有天賦異秉，其餘九九%都是靠著後天苦練，有紀律的長期培養。

在臺灣頗具規模與知名度的「台灣世曦工程顧問公司」，旗下工程團隊擁有近二千位工程師，其中有三百多位各類科技師，一直積極投入參與國內、外諸多重大工程建設，征戰無數。世曦總工程師林曜滄投身工程界長達近四十年，早年從臺大土木研究所畢業，在他的工程師生涯中曾獲得中國工程師學會「傑出工程師獎」、臺北市土木技師公會「傑出技師獎」、中華民國結構工程學會「優秀青年結構工程師獎」等，被譽為得獎常勝軍，堪稱是臺灣工程界一流的頂尖人才。

林曜滄鐵口直言，「工程師沒有天生這件事，」他始終堅信，「工程師必須經過辛苦鍛造，一步一步靠著實戰經驗才能累積實力。」這就如同優秀的軍人，一定要親自上戰場參與戰役，才能鍛鍊作戰能力。工程師的養成絕不是獲得一、兩張結業證書就足以勝任，有些能力或許可以在短期內獲得，但專業能力需要長時間才能建立起來，必須通過許多重要的「接觸點」。

林曜滄十分支持這個說法，他並且回答了第二個問題，「工程師必須具有服務人類的使命感，這就是我們的職志，很多災難我們都是率先衝到第一現場。」二〇二一年四月二日，臺灣東部花蓮秀林鄉清水隧道發生震驚全國的太魯閣自強號出軌事件，導致二百六十餘名乘客死傷，這是臺鐵六十年來最嚴重的事故。林曜滄接獲通報，立刻率領工程團隊趕赴參與救援工作，林曜滄描述當時看到的畫面，「現場一片驚恐慘烈，甚至連火車軌道都不見了……！」乘客陸續送醫救治之後，經過專業團隊會勘評估，事故現場約莫兩個禮拜搶修應可恢復通車，結果比預計的工期提前兩天完成。

林曜滄有一個很好比喻，「震災現場是大地對基礎設施最真實的『shaking table』（振動台）[4]試驗結果」，也是訓練工程師最好、最務實的基地與場域。

林曜滄常跟年輕的工程師說，要成為一個真正全方位的工程師，必須練足四個「蹲馬步基本功」：**設計**、**施工**、**維運**、**搶災**；這四個蹲馬步基本功，任何一個都不能少，都能精進工程師的專業能力，尤其是災害現場，先看外廓，再看構件，都可以得到很多證據資料，「這是我四十年來學到最多的經驗。」他加重語氣強調。

以服務人類為職志

現在要回答第三個問題，我們必須把場景拉回臺鍍桃園觀音廠。我們都已經知道熱浸鍍鋅是一種鋼鐵防蝕的加工技法，屬於永續與彈性修復的基礎設施範疇，需要具有專業背景的工程師參與。

在臺鍍擔任技術總監的蔡明達就是這樣的工程師，他出生於一九六一年，服務臺鍍長達三十五年。蔡明達當年念成大冶金材料系，臺灣的十大建設正在如火如荼地進行，需要非常多的理工人才，各大專院校電機、機械、土木、航太等系所都排在理工科首選志願，冶金也

▲台灣世曦工程顧問公司總工程師林曜滄：工程師必須具有服務人類的使命感，這就是我們的職志，很多災難我們都是率先衝到第一現場。

◀蔡明達：自從進了臺鍍，比在學校學得更多，好像變得什麼都要懂一些，眼界、能力、技術都變得更寬。

是很熱門的科系，因為建設需要使用大量的鋼材。蔡明達回憶，「那時候，臺灣的半導體業還沒開始發展，台積電只不過是一間實驗所而已，很多學長畢業之後幾乎都進了中鋼。」

到了蔡明達這一屆畢業的同學，很多都外流到其他民間企業，蔡明達服完兵役，離開故鄉嘉義，跟著同學一起「北漂」找工作，他先去了一家鑄造公司做冷氣機、洗衣機、汽車的變速箱等零件；後來又進了工研院材料所，初期負責行政工作，又轉到檢測部門，也幫著業界做一些破損零件分析，但因偏向較靜態的研究，總覺得步調緩慢，缺乏挑戰，一直很想換工作。

一次機緣，蔡明達在工研院遇到臺鍍董事長蕭勝彥，在此之前，他曾遞過履歷表給臺鍍，但陰錯陽差沒去面試，蔡明達沒再提起這件事，但蕭董卻記得，「喔，原來你就是蔡明達……。」不久，蔡明達被蕭董延攬進入臺鍍，自此就再也沒換過工作。

那時候，臺鍍在桃園南崁、高雄路竹各有一座工廠，桃園觀音廠是後來才建的，並將南崁工廠遷移過來。公司小，一個人不免當好幾個人用，蔡明達一開始做市場推廣，同時對工程界做教育訓練，臺鍍與工研院材料所原本有一個研究案正在進行，蔡明達進臺鍍之後就繼續接手研究案，發揮空間很大。

蕭董對員工從不吝嗇，在臺鍍工作出國受訓的機會相當多。譬如，隧道內部使用通風機葉片，蕭董想多角化發展，考慮引進代理日本東大阪「都金屬株式會社」的產品，指派蔡明達專程遠赴日本研習鋁鑄造，藉此深入接觸生產、管理、技術、工程的整套流程。蔡明達很懷念那一段時光，「在日本三個月，公司不但供吃、供住，還可以領薪水，呵呵……。」

臺鍍高雄路竹廠能生產的東西仍不夠大，但當時需要使用熱浸鍍鋅防蝕的幾乎都是大件鋼材，譬如鋼橋結構，臺鍍沒能力接案，所以決定在桃園觀音多增設一座熱浸鍍鋅工廠。日本有一家合作廠商「田中亞鉛株式會社」，他們有大鍍件、鋼橋鍍鋅這些技術，蔡明達又被派去見習了三個月。

第二次從日本回來之後，蔡明達就開始積極投入桃園觀音廠建廠，一切從無到有，建廠的進度與原先設定的時程表有延後，每天加班趕工，讓蔡明達感覺壓力非常大。有一天，到了晚上八點，大家都還在加班，老廠長是董事長的老戰友，好意提醒「收兵！」大概是長期累積的壓力已到達一個引爆點，蔡明達突然心生挫折，當天晚上就打電話給老闆辭職，「我幹不下去了……。」蕭董好言相勸，一再慰留。

4 「振動台」是一種開放式單軸地震模擬實驗設備，可用於建築結構動態和控制、地震工程以及土木工程相關領域的課程教學和研究，學生可使用振動台設備研究各種地震波形對於建築物、橋梁等結構材料的影響。（資料來源：https://edu.kyst.com.tw）

「理工科分得很細，我雖然學冶金材料，但對於建築、土木，都不太理解，自從進了臺鍍不斷摸索，比在學校學得更多，好像變得什麼都要懂一些，眼界、能力、技術都變得更寬。」在臺鍍這麼久，蔡明達深知蕭董很有企圖心，也很有想法，想做的永遠很多，但嘗試愈多，失敗的機率也可能愈多。譬如，蕭董嘗試做新的投資，六輕鋼構、水溝格柵板、立體停車場（長榮航空）、不銹鋼扶手欄杆……，他都去試，也分別另外成立了公司，員工覺得不看好，新公司投資失利難免會連累母公司，但蕭董還是想衝，「這是一種天生的老闆性格。」蔡明達最高紀錄，曾經一肩挑，一人同時管理三個廠。

臺鍍的企業價值「**品質第一**」，防蝕至上，生命週期成本的概念包含初期的建設成本、維修的成本、拆除重建的成本等。而使用熱浸鍍鋅可以減少碳與二氧化硫的排放，相較於其他防蝕工法，屬於一個環保的工法，以前很少人注意生命週期成本，直到這五～十年聯合國推動永續指標的ＳＤＧｓ，臺鍍反而跑在最前面，最近開始強調生命週期成本。

油漆防蝕已經有百年，熱浸鍍鋅也有百年，但蔡明達在唸書的時候完全不知道這個技術，也沒人在談「生命週期成本」，以前都是用經濟效益去比較出熱浸鍍鋅的優點。

蔡明達進臺鍍開始關注熱浸鍍鋅，出去跟人家介紹熱浸鍍鋅，大概只有一半人知道，也僅侷限在工程界，但還是不用，因為大家還在比價格，所以要用他們聽得進去的「語言」。

臺鍍現在改變策略，換了一套說法，強調生命週期，土木工程界漸漸有了感覺，全國性的工程會比較注重，地方性的工程則可能因為「省錢」沒做定期檢測維修而發生工程災難，譬如南方澳的斷橋事件，就是很典型鏽蝕產生的坍塌。

解決環境問題的守護者

對於未來工程師的角色，蔡明達不諱言「沒想過」，對他而言眼前就是一份養家餬口的工作。臺鍍的規模不是很大，蕭董的期望之一「**做臺灣鍍鋅的旗艦店**」，蔡明達沒想過這麼嚴肅的問題，但他相信，在業界對於鍍鋅累積的知識要超越臺鍍很難，因為其他人都不會去認真研讀，包括同業、同事幾乎都不去讀專業的 paper，蔡明達是工程師背景，總是想要追根究柢，一定要弄清楚「為什麼？」

譬如，現場生產的時候偶爾會出現一些異常現象，同樣的材質有的光滑，有的粗糙，有的斷裂，有的不斷裂，甚至鍍完之後整個表面都剝落，到底是操作技術的問題，還是材質的問題，就一路往回追溯，要求客戶提供當初購買鋼材的樣品樣本，再去分析材料成分及組織結構，一旦發現原本的鋼材就有異常，再回應給客戶，主要是排除並非是熱浸鍍鋅技術的問

▲「做臺灣鍍鋅的旗艦店」是蕭勝彥（中）的期望，即使位居高位，還是經常巡視廠房。左為臺鍍技術總監蔡明達，右為臺鍍業務部副總經理李開志。

題，避免造成客訴，「這是在幫客戶，他們的材料供應商也是從外面採購回來的，貨款收不回來，你提供證據，鋼材有瑕疵，對方不能不退款。」

未來，臺鍍打算繼續研發一些新的材質，譬如鋅鋁鎂合金，是熱浸鍍鋅七到十倍的防蝕效果，研發出來之後，可以運用的地點包括沿海地區、溫泉硫磺區，「可預見未來的推廣困難度愈高，」蔡明達當年進臺鍍，就聽到蕭董提起這件事，三十五年後還是停留在差不多的起點，「畢竟這不是半導體行業，一條生產線下去，馬上可以看到成果，它的生產速度慢，但預期可以比熱浸鍍鋅維持更長遠。」

蔡明達這幾年一直在協助推動捷運、鐵路高架化、桃園航空城等工程，道路橋梁的基礎建設鋼筋要做防銹，即使全部給臺鍍做，也吃不下來，只能用分包或聯合承攬的方式「打群架」。工程界的發展很兩極化：既迅速又緩慢，建設的速度可以很快，但工程技術的研發卻非常耗時。譬如，即使不用熱浸鍍鋅防蝕，還是可以用基本的油漆、電鍍、達克銹、路銹寶（噴塗一些粉體再經過烘烤）、陽極氧化，至少有十種方式可以處理，或者乾脆更改設計，「可以使出的招式太多了。」蔡明達解釋。

熱浸鍍鋅這場戰役，蕭勝彥服役四十七年，蔡明達服役三十五年，但已不像三、四十年前那麼困難，臺鍍每年都維持穩定微小的成長，繼續堅定地扮演著「環境守護者」的角色。

P008

Chapter 6

在臺鍍生存的祕訣

臺鍍內部有不少員工的年資超過一、二十或三十年，業務部副總經理李開志在臺鍍服務二十七年，卻謙稱自己「很菜」，因為比他更資深、排在他前面的隊伍，起碼還有一長串。

一般而言，一家企業的資深員工多，通常顯示這家企業經營的穩定度以及員工的忠誠度。李開志大概是屬於後者，就連在臺鍍最艱辛的那段時間，不少員工紛紛求去，李開志卻毫無懸念地繼續堅守崗位，也算是奇葩。

一九九七年前後，亞洲各國慘遭金融海嘯，全台灣的企業也都受到波及，臺鍍也沒能倖免，公司有財務問題，全體員工減薪二〇～三〇%，那一陣子業務部門至少走了一半以上，桃園觀音廠只剩下三個人。某天，總經理不放心，特地跑來探探李開志的口風，「你現在是怎樣打算？」李開志被問得一頭霧水，「總經理，你是指什麼事？」「喔，我是問，你會不會繼續留下來工作？」李開志篤定回說，「我從來沒有想過要離開。」他仔細盤算過，家裡的房屋貸款正好已經繳完，經濟壓力沒那麼大，只要生活過得下去，每個月賺到的薪水可以應付日常開銷，其他不必要的花費就省著用，這樣就好。

即使連續多年臺鍍都沒有發放年終獎金，李開志依然堅守不棄，他與臺鍍有革命情感，雖然董事長沒有親口說過，但他可以體會蕭董經營企業的壓力，公司發生跳票那一年，董事長與股東、銀行代表、會計師一起商討償債方式，召開債權人會議，處理到一個段落，大事差不多底定，有一天，董事長親自來觀音廠視察，召集大家集合：「來來來，我看看還剩下多少人……。」他的印象很深，蕭董曾在四樓的會議室語帶感性地說起一些往事，提到當年父親如何籌資讓他去日本留學，「如果我沒有做好這家公司，不但對不起員工，更對不起父親……。」李開志瞥見，蕭董眼角開始泛淚。

嚴守紀律 不瞎摸打混

我們在某次的訪談中，聊到這個「為什麼沒有離職」的話題，在同個環境工作二十七年，依舊能保持初衷，不減熱情，實在不簡單。我半揶揄地問李開志，「你是不是個性很固執啊？還是很念舊？」他正面回應說，「我從來不會因為哪裡好混，就去那裡混，從小就很守紀律，到了企業界也是很講究工作倫理，總覺得一定要把事情做好。」

譬如，公司規定各部門主管要繳交工作日誌，而且每天都要寫，這就變成一個例行公事，因為每天其他的事都忙不完，一般人大都把寫工作日誌當成額外的要求，心想應付交差了事，李開志卻很認真持續地寫，他每天提早一小時七點進公司或者下班後多待一個小時，利用其他同事都不在，也沒有電話干擾，可以安靜地整理腦袋裡的想法，「我不只是寫給老闆看，也是寫給自己看，這裡面紀錄的資訊都是有用的，可以做為後續追蹤案件的指標。」他說，只要在手機上按幾個按鈕就可以看到：某年某月拜訪某位客戶、當天談話的內容、訂單數額、單價、客戶的要求、回饋、自己做的分析……。而且，他的工作日誌還針對客戶做分類，「我經常回頭去翻閱工作日誌，發現裡面有很多『線索』，畢竟，人不是電腦，不可能記住每一個細節，工作日誌都會幫你保留下來。」

李開志的認真勤奮、不打馬虎眼，與個人成長背景有關。他是金門人，父親在他念國中二年級時過世，幾個小孩由母親帶大，家中主要經濟來源是靠著年長他二十歲的大哥，每天在市場裡的豬肉攤工作，凌晨兩、三點就得起床張羅，李開志常利用假日去幫忙，偶爾他也跟著大哥、大嫂到屠宰場去批發豬肉回來，骨肉還要做用途分類，大骨熬湯，腹部的五花肉用來燉肉……。逢年過節家戶的豬肉用量大，自家也會多養幾隻豬備用，或是遇到街坊鄰里的婚喪喜慶，需要辦桌，大哥還去幫忙，賺些外快，「大哥每次在殺豬的時候，都叫我不要看。」他回憶那段跟著兄嫂在市場賣豬肉的生活，充滿感恩，大哥後來攢了錢，在市場買了自己的攤位，很務實地過日子。

高中畢業之後，李開志考進陸軍官校專科班就讀，畢業後分發部隊，帶兵帶了六年，不到二十八歲就從軍中退伍，開始面臨人生的另一個生涯抉擇，他沒有回到金門繼續跟著大哥李開志：「我從來不會因為哪裡好混，就去那裡混，從小就很守紀律，到了企業界也是很講究工作倫理，總覺得一定要把事情做好。」

▲相信勤能補拙的李開志（右），在臺鍍從基層的業務員做起，兢兢業業得勤做功課，目前擔任臺鍍業務部副總經理。左為臺鍍觀音廠廠長古天維。

到市場擺攤賣豬肉，而是想試試其他的行業。一位官校同學回金門服務，但李開志考慮到金門的工商業不是很發達，就決定留在台灣找工作。當時，他評估自己的條件，「沒有什麼遠大的志向，但有闖蕩的決心，」於是便做了一個結論：「想要跟社會銜接最好的管道，就是去當業務。」

李開志去應徵事務機器的龍頭「震旦行」當業務，這間公司在當時的名氣很大，他雖沒有業務經驗，但相信勤能補拙，整天拎著一只皮箱到處拜訪客戶，一家接一家地敲門，常吃閉門羹一點也不意外，兩三個月賣不掉一台事務機。幸好，軍中的訓練讓他很會自我管理，拿著客戶的名片回來分析研判，持續做追蹤，「您的設備使用多久了？當初買的是水貨？還是原廠的正貨？最近有無可能購置事務機器？」一般來說，如果是原廠代理進口的正貨，機器裡面的矽滾筒（感光體）正常使用，至少可以用個三～四年，但若是用水貨或二手貨，即使感光體更新，但機身卻容易故障，差不多一～二年就該更換了。

勤做功課，墊高成功的機會

李開志並且發展出一套銷售心法：**一個夠勤勞的業務，一旦你接觸客戶的次數夠多，這**

是墊高客戶向你購買的機會，你的業績自然就有可能拉高。因為勤於做功課，李開志的業績做得頗有起色，沒多久就升為業務主管，前後培訓了二、三十名業務員，但事務機器這個行業的流動率很大，才訓練好的一批業務就走人，最後留下的僅剩個位數，幾乎一直都在重複訓練新手。

後來，李開志被調派到桃園分公司擔任主管，到任第一天，聞到辦公室有一股異味，走到浴室洗手間，赫然看到裡面有一頭豬，心裡覺得很納悶，原來當時的震旦行有一個內規，業績倒數第一的分公司要負責養豬，等到下次重新洗牌，再把豬隻移交給業績最差的分公司……。這樣異類的公司文化也算相當罕見。

由於李開志曾經幫忙大哥、大嫂賣過豬肉，當下就決定專心把那頭豬照顧好，也想趁此整頓一下內部士氣，約莫三、四個月光景，業績拉上來了，那隻可憐小豬立刻就更換了新的飼主。但前後不過半年，李開志又被調回原來的分公司繼續擔任主管，人事已非，當初他手下培訓的業務幾乎已全部離職，一切又得重來。不久，輪到他自己辭職不幹，因為看不到事務機器這個行業的前景，前後一共做了四年半。

李開志看到報紙人事廣告，分別向三家企業投了履歷表，其中一家是臺鍍，另外兩家則是電子零組件廠，臺鍍通知他去面試，看到「鍍鋅」兩個字，大概也猜到這是傳統製造產業，董事長蕭勝彥親自跟他面談。「那天，我們就是坐在這張會議桌，」李開志指著臺鍍一樓的會議桌，訴說二十七前的往事，蕭董問起他過去的工作背景，似乎當下已決定錄取他，「你是外島人，從金門來的？嗯，好，那你什麼時候可以開始上班？」李開志回說，「下個月就可以來了。」

從「零售」轉型做「精品」

雖然李開志從未接觸過熱浸鍍鋅，但他感覺這個行業似乎挺不錯，屬於基礎工業，市場需求很大，他不必天天拿著皮箱去開發陌生客戶，工作重點偏重在客戶分析、成本分析、客戶關係，並且有二〇~三〇%的客戶往來超過十年，有些客戶甚至變成朋友，李開志做了一個巧妙的比喻，「我過去做的業務（事務機器）是批發零售，現在做的則是精品概念，不是去賺那種殺來殺去的蠅頭小利。」

而且，他觀察蕭董和一般企業主不太一樣，一般老闆可能只關心旗下企業眼前的賺賠，蕭老闆三言兩語，言簡意賅，朝大方向思考這個產業未來的方向該怎麼走。臺鍍有五〇%的業務量來自公共工程，公共工程是整體經濟發展的火車頭，會帶動一連串的民間企業，蕭董一心想推動熱浸鍍鋅這個產業，提升整體公共建設的水準，當大家都「共好」，產業發展才有意義。

進了臺鍍，李開志先從小配件的螺栓、預埋鐵件、鐵釘這些小爐產品開始，六個月後，又調到大爐，負責大型的鋼構案件。一九九六年前後，國內最受矚目的工程就是台塑麥寮六輕開發案，總共約有三十萬噸的鋼材應用在六輕開發案上，透過蕭董的努力，讓台塑高層了解到，因工程地點位於高腐蝕的沿海地帶，鋼材一定要經過熱浸鍍鋅作為防蝕基礎，才能讓鋼材免於受腐蝕危害，所以當時送到臺鍍做熱浸鍍鋅加工約有五～八萬噸，每天加班到三更半夜，忙得人仰馬翻。

李開志因為擔任聯絡窗口，包括交貨期、品質管控、出貨順序……，所有大大小小的問題都找上來，每天應付客戶催貨電話，幾乎到手軟，就曾經遇到因為趕不出貨，一位客戶甚至氣得當場摔手機，「我也只能摸摸鼻子，苦笑賠罪。」每一個客戶都有不同的風格，他從不厭煩和不同的人打交道，反而認為是一種樂趣，為了安撫那位客戶的情緒，李開志想了一招，與客戶協商更改合約降價，幸好那筆訂單金額不大，算下來大約只有幾千塊的損失，公司還能承擔得起。他事後聽說，那名客戶也常跟其他鍍鋅廠吵架，是同業之間公認的「奧客」。

業務幾乎是 7-11 全年無休服務，每天的手機響不停，不管是同事、客戶、廠商，甚至於假日或晚上，電話一通一通地打進來，原料不足、趕單、更改出貨時間……，各種疑難雜症，李開志總是耐著性子、好言好語地跟對方交涉，「我喜歡幫助別人解決問題，甚至會超越對方的期待，自己覺得很有成就感。」

有一回，李開志與蕭董事長一起去金門視察業務，蕭董談起五十年前曾在金門溪邊的某個心戰連服預官役，國共對峙的緊張時期，金門駐守十萬大軍，現在僅剩四千軍力。李開志駕著車，一路駛往東南方的溪邊村，金門的馬路兩邊到處都是野生木麻黃，沿途也沒什麼軍事建築，後來總算看到一座碉堡，有穿著紅短褲的蛙人士兵正在值勤，他煞車停住，「老闆，你說的服役單位是不是這裡？」蕭董打量四周說，「嗯，好像是！」隨即，立刻迫不及待地跳下車。

李開志始終記得，蕭董再度回到車上，表情非常開心，語氣甚至有些激動，不敢相信竟然可以找得到當年服役的單位，一路上，蕭董開始滔滔敘述當年勇，很多回憶都翻湧上來了。蕭董平日外表嚴肅，不多言，「但是那三天金門行，蕭董的心情似乎非常好，臉上總是堆滿了笑容。」

比較過去在事務機器公司的異類「養豬奇招」，李開志感覺「臺鍍重視一種鼓勵員工成長的企業文化」。蕭董事長站的位置與眼光和別人不一樣，總是常把一句 slogan 掛在嘴上「**創**

▼▶台塑麥寮六輕廠區，全面採用熱浸鍍鋅表面再施以三道表面漆，有效對抗沿海地區嚴酷的腐蝕環境與氣候，每年可為台塑集團省下數億之維護費用及延長工廠使用壽命。

造熱浸鍍鋅文化，維護台灣有限資源」，在臺鍍內部許多文件幾乎也都可以看到這句標語。雖然我們重複念了好多次，都背不下來，若是用白話文解釋，大意是「**讓鐵不生銹，做好防蝕，就是一種節能**」，因為，熱浸鍍鋅不只是一種防止鋼材生銹的工法和技術，而是關乎整體生態環境與能源永續發展，更是蕭董幾乎竭盡畢生、從不放棄努力的目標。

週三讀書會 開拓眼界

李開志眼中，老闆就像一位循循善誘的老師，每週三早上的晨會也是臺鍍主管的讀書會時間，蕭董親自帶領各部門主管一起讀書，每人並發給五百元做為獎勵金，而且列入年度考績。晨三讀書會通常是由蕭勝彥親自決定主題選書，譬如，《上司若不變成「鬼」，屬下怎麼會成材》、《懂得訓練員工，你就不用自己做到死》、《不靠人才的企業經營法》等等，很多都是日文翻譯的經營管理實用書籍。

週三讀書會每次由一位主管負責導讀，其餘與會者輪流分享一千字的心得報告，事前如果沒做足功課，難免當眾出糗，完全不能打混摸魚。我們特別選在某個週三早晨去觀摩了這個讀書會，當天的選書主題《豐田精實管理現場執行筆記：問對問題，產出高效率》，蕭勝彥甚至會當場直接點名，「某某某，你對這個主題有什麼看法？」就好像在課堂上被老師指名要求回答問題，氣氛還真的有些緊張，一時難免結結巴巴。

有同業聽說此事，覺得不可思議，調侃這些臺鍍主管，「每天時間都不夠用了，哪裡還有時間讀書！」對於這種訕笑，李開志不予理會，反而很自豪，「這就是臺鍍人跟其他同業不一樣的地方，讀書可以培養眼界，訓練我們會從大處著眼，從小處著手。」他坦承，以前當學生沒有認真唸書，後來進入社會又因為工作太忙，更沒時間讀書，但進了臺鍍之後，反而讀了不少書，起碼二、三十本，有時候一本書甚至讀了半年。況且，讀書會還可以達到另一個功能，讓主管更了解老闆的想法，不必猜來猜去揣摩上意。

在臺鍍二十七年，李開志很少看到蕭董發脾氣，即使因為某些事情不高興，頂多說兩句重話：「這件事很重要，你怎麼會這樣處理！」然後，就陷入一片靜默，冷空氣凝結幾分鐘，慢慢語氣就開始變得比較緩和。李開志升上副總之後，與董事長接觸的機會愈來愈多，蕭老闆不太在公開場合稱讚某某人，但私下常跟員工說「謝謝」，李開志笑說，「我也不知道他到底在謝什麼？」董事長把同仁的表現看在眼裡，記在心裡。

有一次，李開志跟著蕭董去巡視高雄廠，看到現場的工作環境很髒，蕭董私下把廠長找過來，那位廠長年紀六十出頭，在公司服務超過三十年，「你們都是當人家父母的，責罵你

李開志：「這就是臺鍍人跟其他同業不一樣的地方，讀書可以培養眼界，訓練我們會從大處著眼，從小處著手。」

◀▼每週三早上的晨會也是臺鍍主管的讀書會時間，蕭勝彥親自帶領各部門主管一起讀書，就連疫情期間也用視訊方式舉行。

們很沒意思，但如果這是在你家裡，你會允許環境弄得這麼髒亂嗎？」李開志從旁觀察，「蕭董都是用講道理的態度，不會用羞辱的言語。」後來，高雄廠的工作環境確實改善不少。

把公司的事，當成自己的事

一個悶熱揮汗的夏日，天空集結了厚厚的雲層，預期午後會有一場雷陣雨。李開志開著車，領著我們沿著桃園龍潭大池外圍繞了一圈，這裡在每年端午節前後都會舉辦龍舟競賽，在北部地區小有知名度，龍潭大池還有一座極具現代流線造型的白色吊橋，這座吊橋只限行人與自行車專用，這兩年成為新的觀光地景。龍潭大池吊橋不若新北市碧潭吊橋那麼出名，碧潭吊橋已有超過八十五年歷史，從一九三七年日據時代就開始啟用，後來曾經翻修過幾次，也使用了熱浸鍍鋅做防銹，碧潭吊橋一直是新店的地標，更被新北市拿來做為新店的區徽。

一座吊橋，不僅擔負了兩地運輸聯繫來往的任務，更是成為陪伴人們日常生活中的重要記憶。「你們看，那橋墩底下的鋼梁用螺栓組裝，就是採用我們的熱浸鍍鋅，然後再加一層塗料（油漆），等於雙重防蝕，這樣最起碼能夠保用五十年。」順著李開志手指的方向望去，隱隱聽得出來他講這句話的時候，帶有一些自豪。

我想起很多年前，人稱「台灣廣告教父」的孫大偉（已過世）跟我說過，「廣告人一定要熱愛自己協助客戶銷售的產品，否則連你自己都不愛，要怎麼打動消費者，當然更無法做好銷售服務。」

李開志經手的熱浸鍍鋅案件不下二百件，平均每個月至少二、三件在跑，我隨口丟了一個即興考題給他，「你們有那麼多案場，你能不能列舉三個最滿意的代表作？」他一口氣列舉了五、六件：西螺中油水管橋、麥寮六輕PVC廠＋鋼構管架、澎湖西瀛虹橋、彰化鹿港福興橋、金門酒廠……。

他特別指出，鹿港福興橋是台灣第一座箱型拱橋做熱浸鍍鋅處理，一般都是I型拱橋，臺鍍接下這個案子做熱浸鍍鋅加工，因為過去沒經驗，鋅液無法融化，結成一塊一塊，導致無法用纜繩安裝，必須靠人工使用鏟子和震動器把凝結的鋅塊敲碎，拱橋約莫六、七十公尺長度，整整敲了兩個禮拜。這件事讓他學到一件事：**每一個物件所需要鍍鋅的時間不一樣，都必須客製化，必須靠累積經驗，而且是犯錯的經驗**。

臺鍍二十七年，絕無冷場，永遠忙不完。八月下旬，火辣的太陽底下，午後我們躲進桃園的一家星巴克吹冷氣。我問了李開志最後一個問題，「看你始終樂此不疲，你可以透露在臺鍍生存二十七年的祕密？」他沒有直接回答，而是先說了一段故事，幾年前，有一家與臺鍍往來一陣子的營造廠發生跳票，公司收不到錢，他趕緊交代物料管理部先把對方的鋼料扣押下來，再去跟對方周旋索討欠款，他去跟客戶收款，一向態度堅定，絕不打馬虎眼，會刻意強調按照合約內容結案，少一塊錢都不容許。

他拿起筆，寫下兩個字「帳齡」，解釋說道：「帳齡愈短愈好，若是一筆帳款沒收到，帳齡拖得愈久，會影響到公司的財務週轉，」他喝了一口拿鐵，態度篤定地說，「你要把公司的事，都當成是自己的事，你更要把跟客戶收款，當成是收你自己的錢，這樣你會隨便讓人家倒帳嗎？」

我想，能夠在臺鍍生存二十七年，依舊興致勃勃，樂此不疲，這應該就是答案。

Chapter 7

當岳飛遇到張飛：「請問，你有碳焦慮嗎？」

坊間常聽到一句玩笑話：「張飛打岳飛，打得滿天飛！」讓人不覺莞爾。張飛和岳飛都是中國歷史上著名的武將，但這兩人根本不是生在同一個朝代，前後相差一千年，想來也是無事做文章，天馬行空瞎扯淡，網路上甚至還有人認真地分析，若是張飛與岳飛真的打起來，到底誰的武功比較高強，誰的勝出機率較高……。

在商場上，也常遇到張飛打岳飛。臺鍍李開志副總因為踩在第一線接觸客戶，聽過不少同業耳語，原本在不同的領域各做各的，河水不犯井水，但總免不了為了搶地盤、搶客戶，偶爾弄到擦槍走火。不過，他察覺近來同業間關注的話題，不是「誰搶了誰的訂單」，也不是「誰家的業績衝第一」，而是「誰家開始做減碳了」。

李開志印象很深，大約兩年前，手下年輕的業務課長李祐承拜訪一位客戶，對方詢問「有沒有做碳盤查」，李祐承被問得一頭霧水，聽不懂對方說什麼，回到公司問李開志副總，副總也是一頭霧水，含糊回應「好像跟全球暖化有關……」，「我哪裡知道，才不過兩年，現在卻變成全球最夯的議題。」李開志抓抓腦袋，似乎有點不解，入行二十七年，上下游產業發展一直都很穩定，從來不像這兩年變化如此快速。

《天下雜誌》在二〇二三年七月做了一個封面專題報導「一顆螺絲掀起兩千億減碳升級戰」，主要內容是指：面對歐盟碳關稅即將上路，看似無關緊要遙遠的戰火，卻一路延燒到太平洋區域國家，臺灣則是以中小企業首當其衝，根據《天下》調查發現，其中有八成深切感受到減碳壓力，普遍具有「碳焦慮」，但真正有做減碳規畫的中小企業不到二〇%。

就以熱浸鍍鋅加工來說，可算是碳排放較高的產業，因為會使用燃燒系統，包括鍋爐用油、工業用電提煉、承載運輸等，都會產生碳排放。臺鍍的蕭董一向對「綠能產業」相當關注，對於當前的趨勢很自然地動作頻頻，不僅請了「碳盤查顧問」專程到公司裡替同仁上課，也指派員工去受訓。

同業聽聞，居然加以揶揄一番，「哎呦，只有你們臺鍍最會做這種事，等到真正開始實施徵收碳稅的時候，我大概也退休了！」李開志被同業消遣，笑而不語，如果企業主本身對減低碳排放這件事態度不積極，絕大多數的員工也僅是觀看而已，對於這個議題幾乎無感，總覺得事不關己。

「其實，早晚躲不掉，即使你不重視，你的上、下游客戶，你的合作廠商也會要求，到時候逼著你不得不做……，」李開志副總估計最多三到五年，企業碳盤查就如同野火燎原，速度燒得很快，擋都擋不住。他舉例，以前碰到客戶來詢價，一般都會詢問公司的設備、載重、尺寸、型錄、四〇一報表（稅額申報書）、施工計畫書等這些相關文件，「以後一定會加上一條《碳盤查記錄》，並且還要提出由認證公司簽署認可的文件。」

這一天是八月中旬，午後一點，我與李開志副總坐在桃園市大園區一間便利超商附設的咖啡座，兩人談起這個「碳盤查」話題，耳邊不時聽見便利超商的落地玻璃門叮叮咚咚響起，隨時都有客人進進出出，李副總拿起手機，敲打著內建計算機APP，估算這間便利超商的面積至少有五十坪大，店內不僅寬敞、明亮，甚至稱得上摩登時髦的設計，若是在三十年前，根本是無法想像的事。

統一集團在一九七八年將便利超商剛引進臺灣的時候，經過很長的陣痛期，據稱統一集團足足賠了七、八年，才終於改變消費者從過去的「柑仔店」轉至街角「小七超商」的消費模式。而今，臺灣大街小巷的超商不僅成為民眾的「生活必需品」，全臺灣的超商密度也成為世界奇景與另類經濟奇蹟。這就是一個典型「張飛與岳飛」的故事：原本一直是「張飛」（柑仔店）獨霸的局面，後來冒出來的「岳飛」（便利超商），一開始雖然被看衰、看壞，沒想到最後竟然把老大哥張飛打得從此不見蹤影。

往後幾年，包括碳排放、碳盤查、碳稅、碳中和……，這些起初聽起來像「外星語」的名詞，未來都會變成你、我耳熟能詳的日常用語與生活模式，李開志副總鐵口直言，「這絕不是岳飛打張飛的笑話，萬一轉不過去，以後大家都會很慘！」

臺鍍業務部李開志副總（上圖右一）不僅時常要與蕭董事長（上圖左二）、副總蕭一平（上圖右二），以及技術總監蔡明達（上圖左一）開會，也會撥時間出來與業務部課長李祐承（下圖右），聯袂拜訪客戶。

同行不結怨、競爭也合作

全臺灣熱浸鍍鋅的總量大約是年產四十萬噸，北部具有規模的鍍鋅廠有五家，全部產能占六千噸，其餘幾乎都集中在中南部。總括而言，熱浸鍍鋅行業稱得上是獨門市場，北部真正專業的熱浸鍍鋅廠只有三家，以規模大小順序：臺鍍、尚煒、邦凱。專業的好處是產能大、物流快，其餘諸如台灣鐵塔、力鋼，都有五十年歷史，背後也有關係企業，譬如春源鋼鐵、立陽工業、合昌營造，兼做鋼構、鐵塔或台電變電所。

邦凱與臺鍍是熱浸鍍鋅產業的競爭對手，但這兩家的關係微妙友好，既競爭也合作，互動十分頻繁。兩家鍍鋅廠位在桃園觀音工業區相距不到兩公里，邦凱的規模較小，臺鍍比邦凱多一項競爭優勢，就是廠內有小爐產線，這條產線，邦凱常需要尋求臺鍍的支援，協助邦凱生產些小配件，如籬笆配件的管束、管夾、螺絲、螺母、華司墊片、基礎栓、鐵配件等都需要用小爐產線去生產；在鍍鋅領域中，小爐產線生產比率算是很小，僅占市場五～六％業務量，但小爐生產的鐵配件，卻足以發揮關鍵少數的功能，是不可或缺的。目前北部同業只有臺鍍有小爐產線，月產量約二百噸。

但相較於大爐，小爐營業額低，較不容易賺錢，但對客戶卻至關重要，製程過程瑣碎，品質要求高，設備週期短，半年就需要更新，但對鋼鐵產業卻是不可或缺，猶如螺絲釘般重要。臺鍍的大爐也比邦凱長，臺鍍十六公尺，邦凱十三公尺，若是遇到較大的鋼構材料需要鍍鋅，邦凱無法承接的訂單，也常常轉單給臺鍍；萬一遇到趕工，臺鍍消化不完的訂單，也是轉給邦凱協助完成。

邦凱的產量大約是臺鍍的三分之一，若以二〇二二年六月的產能為例，臺鍍二千一百噸，尚燁一千五百三十三噸，邦凱八百一十一噸，「這個行業其實沒有什麼祕密，他的顧客，我的顧客，彼此也很了解對方。因為臺鍍的鍍鋅設備、鍍鋅爐尺寸、天車載重等，都比邦凱大些，邦凱也常常委託臺鍍幫忙完成一部分鍍鋅工程，所以彼此是『競合』關係。」邦凱的羅榮富協理坦率說道。

羅榮富協理入行三十年，最大的體驗是：「**有人的地方，就有競爭。**」學工管的羅榮富分析，中國人的經營模式就是競價，而且很短見。但他也看到有人的經營方式不同，譬如某個經營吊車的企業，他跟廠商下單都是三年至五年後交設備，一般經營者都不敢下這種訂單，因為擔心廠商倒閉，無法如期交貨，連訂金都無法退，但這家企業卻看得到市場的未來，勇於投資。

羅協理分析，十五、六年前，熱浸鍍鋅業平均每公斤單價都是個位數，大家都可以活，因為當時原物料價錢低，產能量很大，所以大家也不以為意。現在平均漲了三至四倍，成本漲了很多，最大產能是在南部，一個月產能九千噸，跟邦凱一年的產能相當。「客戶不一定要求便宜，在乎的是品質供貨穩定，你價格太便宜，客戶擔心後面會毀約。」而且，報價是有期限的，低價搶單有風險，原物料起伏很大，只能估算這個月，到了下個月，萬一期貨市場大漲，漲了五〇％，就會血本無歸，欲哭無淚。

一般熱浸鍍鋅工廠與客戶往來，都是估價單來了，也給了明細表，客戶覺得可以接受並且在估價單上簽了名，就等於接受合約。熱浸鍍鋅這一行的地緣關係很重要，邦凱八、九〇％都是老顧客，交易行規是簽帳月結，但臺灣地域很小，運費成本多花一千塊就可以運到中部，只要出貨到中部就是預收現金，不能讓司機隨身帶著現金，增加風險。

我看一眼，就知道誰家做的熱浸鍍鋅

「你是怎麼進入這個行業？」我單刀直入問羅協理。

羅協理快人快語回說：「缺錢吧，呵呵……，當初我是為了找一個離家近的公司，而且邦凱急迫需要人，我又急迫需要一份工作。」他透露自己大學是念工業管理，後來又去念了

EMBA，做了六年工廠管理，幾乎每個領域都待過，對於生產製造的每個環節都很清楚，不到三年就摸得很熟，所以後來就轉去做業務，「另一個原因，我的性格喜歡交朋友，很善於溝通，很有說服力，我去談生意很有自信，很能掌握狀況。」

「我不會排斥做業務，整天待在工廠全身髒兮兮，流得滿身大汗，終於可以『穿得體面』走出去拜訪客戶。」羅協理呵呵笑說，由於具有生產製造的背景，對流程瞭若指掌，包括尺寸的規格、材料哪裡有瑕疵，早已經練出爐火純青的功力，甚至於到了「我看一眼，就知道不是自家熱浸鍍鋅產品。」

我請羅協理舉例，如何判別是哪一家出品？譬如工法或鋅層厚度，證明他不是亂吹牛。他回說，「經過臺鍍熱浸鍍鋅的構件，外觀較亮，毛邊、顆粒都很平整，整理得比較徹底，連打包都很整齊，這就是追求品質的態度。」

邦凱與臺鍍互動往來多年，鍍鋅廠臨時趕單的案子不少，換做其他的鍍鋅廠如果要趕貨，現場的操作人員大多會反彈，但臺鍍的員工很正派，向心力很夠。譬如，邦凱偶爾委託臺鍍幫忙消化無法如期交貨的訂單，臺鍍都能如期完成，羅榮富協理客觀分析，因為臺鍍教育訓練做得好，很到位，公司的讀書會、心得分享，「只有臺鍍會做這種事情，而且可以實施二、三十年，那些書恐怕都讀爛了吧？哈哈……。」說著說著，羅榮富忍不住笑了起來。

每一個行業都有自己的哲學，熱浸鍍鋅業也有它的精神，譬如，絕不能偷工減料，也無法偷工減料，哪個製程沒有處理好，造成鍍件重工，成本反而愈高。羅榮富察覺，物以類聚，**熱浸鍍鋅這一行做久了，就真的會如同「犧牲陽極」的原理：犧牲自己，成就工程**。

整體而言，熱浸鍍鋅產業推廣市場困難，因為工程師、建築師接受的態度不是很高，如臺灣鐵路電氣化的許多設計是英國規範，前輩做得好好的，但沒有人敢改，萬一改出了問題誰擔？所以，對於變更設計，自然而然產生排斥現象。

後來，臺鍍開始採取減少維修成本「生命週期成本」（LCC）的說法，要考量未來五十年、一百年的成本，因為臺鍍蕭董不斷推廣，逐漸把市場做大，讓大家都有生意可做，「蕭董的經營文化讓我非常佩服，他是永續經營，有遠見的度量，這是業界做不到、也不願意去做的事，因為眼前不會有好處。」社會經驗豐富的羅榮富感嘆，就好像政府官員種行道樹，每個人都想立馬看到政績，要求樹趕快長大，否則五年、十年後沒有連任當官，功勞也就不會算到自己頭上，這就是為什麼熱浸鍍鋅在很多公共工程推廣困難的原因。

臺鍍往來的客戶從臺灣頭到臺灣尾，甚至東部的宜蘭、花連、臺東都有，這些位在上游的鋼構廠，很多具有深藏不露的實力，就像張飛、岳飛的高手，但彼此一直相安無事。

平等對待，不分大小眼

某天下午的話題，我與李開志副總圍繞在臺鍍往來的上游客戶，「如果要把客戶分級，你會怎麼分類？」我丟出問題，臺鍍身為下游協力廠商，如何與這些高手過招，倒也是考驗在第一線衝鋒陷陣業務人員的聰明才智。

「在我眼裡，客戶的臉孔都長得一樣，在商言商，我從不會有大小眼之分。」李副總不帶半點猶豫，回答得十分乾脆。

但若以生意來往的交易金額多寡分級，李開志把上游客戶大致分為A、B、C三個等級：A級，彼此很熟，只要有大案子一定會主動找上門，通常會議價，業績占六〇％；B級，偶有佳作，會有大案子，但會到處詢價或比價，業績約占二〇％；C級，君子之交，淡如水，平常很少往來的散客，哪家報價便宜就往哪家跑，業績約占二〇％。

位在宜蘭的建山機械就是A級客戶，建山與臺鍍已有超過二十年的合作經驗，有趣的是，建山機械的負責人張慶成與臺鍍的蕭勝彥從未見過面，幾乎都是手底下的經理、副理在互動接洽。

建山的規模不小，承接了很多大型公共工程。最新的案件即是新北市淡江大橋。自從建

▲臺鍍李開志副總（右）邦凱羅榮富協理（左），同行不相忌，兩人私交甚篤。

◀建山機械與臺鍍合作往來 20 年以上，兩位負責人卻從未見過面。建山董事長張慶成展示自己的碩士論文。

山機械接下了淡江大橋的鋼構工程，整個公司變得異常忙碌。七月下旬，頂著酷暑，我們前往宜蘭蘇澳專程去拜訪的當天，建山機械幾位主要幹部都不在，都去臺北淡江大橋工務所開會，這項預計二〇二六年完工的淡江大橋，主橋〇．九二公里，含聯絡道一．九公里，輕軌鐵道與道路共構，鋼構部分總共使用三萬噸，完工之後擔負的功能是連結新北市淡水—八里，同時承載公車、機車、自行車與行人專用道，解決長久以來當地居民上下班嚴重的塞車問題。

「你看看後面牆上張貼的照片，網路上現在也有模擬圖片，」順著建山機械董事長張慶成手指的方向望過去，看到照片中一座造型十分摩登的斜張橋，非常壯觀。「全世界的工程界都在看，它是獨一無二的景觀大橋，中間是一個塔柱，單邊跨距四百五十公尺，全世界最長的單塔斜張橋，十幾家來投標設計，由德國的工程師設計得標，好看但不好做，工程沒有完成之前我們都不敢太驕傲……。」張老闆加重語氣強調。

斜張橋造型摩登好看，譬如一九九〇年完工的南二高高屏溪主橋，位於高雄市大樹區與屏東九如鄉的交界處，是臺灣第一座高速公路斜張橋，已成為十分重要的在地景點地標；臺北的大直橋、淡水漁人碼頭情人橋、淡江大橋等，也都是斜張橋。二〇〇九年莫拉克颱風來襲，沖垮了全臺灣四十一座跨距短、橋墩多的梁式橋。斜張橋因為使用鋼纜撐起橋梁重量，以「斜拉」方式將橋身拉至橋塔固定，河道上不需要架設太多橋墩，可以減少橋墩被洪水沖垮的潛在風險，對環境友善也有好處。[1]

透過建山機械引薦，臺鍍拿到淡江大橋鋼筋熱浸鍍鋅的訂單，「這個領域就要互相信任，我看過蕭老闆的一些故事，知道他推廣熱浸鍍鋅的理念。」張慶成與蕭勝彥有一個共同之處，兩人看起來文氣很重，都像「讀書人」，不像「鋼鐵人」。張慶成忍不住呵呵地笑起來，透露一段有趣的經歷，有一天他去宜蘭大橋視察工地現場，臨時需要買一頂斗笠，走進一間五金行，那家店正好在宜蘭大橋旁邊，一名清大的學生放假回家在店裡幫忙招呼客人，他看到張慶成忍不住好奇地問了一句：「請問你是在哪裡當校長？」

民國四十六年次的張慶成，老家住在宜蘭東山，宜蘭老家原本務農，政府要成立工業區，農地全部被政府用很便宜的價錢徵收，總共六千坪，一坪二百五十元，舊的古厝都沒了，改建整排三層樓的透天，蓋完房子就沒錢了，家裡三代同堂，總共十幾人都住在一起。因為家境不好，張慶成國中畢業就在臺中親戚的鐵工廠打工，後來考進羅東高工夜校，念機械工程，白天就在學校附近的鐵工廠打工，那時候羅東只有礦業，沒什麼產業，有很多同學、朋友畢業後去臺北打拚，做成衣場、塑膠射出、開模具組……，「我很羨慕，可惜沒有機會，他們大都有親戚在臺北，到臺北找工作的機會多。」

二十七歲那年，張慶成決定創業，成立鋼構廠需要很多資金，他向人借了好幾十萬，在那個臺灣經濟起飛的年代，肯打拚就有機會，當時他已結婚，一開始都是承包小工程，「我剛結婚時，郵局戶頭存款只剩十塊錢，賺的錢都不夠用。」

商場上的生意往來，靠的都是互相信任，當然也有風險，不可能一帆風順，建山機械也經歷過經營危機，被倒過帳，二〇〇〇年前後，基隆的西定河淹了一場大水，市長怪罪施工單位破壞河床，下令鋼橋工程停工，拖了兩年才復工，建山機械把資金都押下去了，張慶成每天都在操煩，週轉怎麼辦？員工薪水怎麼辦？只能到處調頭寸，一路走來，顫顫巍巍，一直挺到現在。

年輕的時候，張慶成在臺中服兵役，駐紮營區靠近靜宜大學，每天晨跑也常經過中興大學，看人家讀書的時候就很嚮往，很羨慕人家讀大學。他的心願終於在六十歲那年實現，正巧有一個機會讓他得以重回學校去念書，國立宜蘭大學比照「吳寶春條款」[2]，張慶成順利通過甄試，進入高階經營管理碩士在職專班攻讀EMBA，只花了兩年就拿到學位，二〇二〇年順利畢業。

1 參考資料來源：科學 Easy Learn 網路版。
2 俗稱的「吳寶春條款」，又名「卓越條款」，教育部頒訂「大學同等學力認定標準第七條」規定：「大學經教育部核可後，就專業領域具卓越成就表現者，經校級或聯合招生委員會審議通過，得准其以同等學力報考」。

經過社會歷練之後再回學校唸書，感覺很不一樣，「校方通知我去面試，我才知道還有同學比我年紀大，排在我前面還有三位，七十幾人報名，錄取二十四人，同學選我當班長。」話題轉到這裡，大家你一言、我一語，聊起喧騰一時的政治人物論文造假抄襲風波，新聞鬧得很大，掀起社會大眾質疑。張老闆默默起身離開，不到五分鐘就拿著一本紅色外皮精裝本的碩士論文走進來，他的碩士論文題目《運用AHP探討鋼構橋梁承包商之評選準則》，他搔搔腦袋，靦腆說道：「每一個字都是自己寫，還要辛苦地跑電腦程式……。」重回學校當「高年級研究生」是張慶成「這輩子最快樂的時光」，這位鋼鐵老闆津津樂道那兩年校園生涯，一個禮拜去學校兩次，週五晚上與週六整天，總共修了四十六個學分，六十三歲拿到碩士學位。

碩士畢業，張老闆本來還想再拚一個生技碩士，但後來打消主意，開始潛心修佛，也準備退休交棒。「我做了一輩子事業，只覺得疲勞，我也去大陸投資過其他的產業，後來二〇一八年全部賣掉了。」

建山機械目前的員工人數一百五十人，雖是中小企業規模，施作的工程都是很大件，幾乎遍布全臺灣，包括受矚目的淡江大橋，甚至高雄、花蓮都有工程，物料從南到北用拖板車拉，若是在悶熱夏天，動輒將近攝氏四十度的溫度在外面就要暈倒了。做工程就是辛苦，心

▲預計 2026 年完工的淡江大橋，負責鋼筋的工信工程公司，特別指定臺鍍處理橋墩鋼筋的鍍鋅部分。

力、腦力、財力都是問題……，但完成一件工程也會有成就感，「每個人都有自己的使命，我是苦中作樂。」

建山的生意愈做愈大，張老闆一年手上同時有好幾個工程在進行，很多鋼構物件的表面需要做熱浸鍍鋅處理，臺灣承做鍍鋅的公司有好幾家，張慶成到處打聽，得知臺鍍的鍍鋅槽比較大，他也跟其他鍍鋅廠合作，發現臺鍍的品質確實比較好，鍍鋅的亮度很優質、表面不易脫落、交工期穩定，價錢雖然稍高一〇%，但那是辛苦的行業。臺鍍接單的業務量現在愈做愈大，經常滿載，也會趕不出貨來，有時候建山機械的副總經理還得親自登門到桃園觀音，拜託臺鍍幫忙趕工。

熱浸鍍鋅的優點工程界都知道，鍍鋅的鋼構如果發生碰撞比油漆容易處理，因為不會直接傷到裡面的鋼鐵，不像油漆就會掉落一大塊，還有就是鍍鋅的單價比較高，有的業主不是做工程出身，對於鍍鋅和油漆的功能差異並不清楚，「有時候我們會建議業主要用鍍鋅，譬如比較複雜或是在海邊潮濕地點的工程。」

人生拚到現在，張老闆自認已完成階段任務，把公司交給四十歲的兒子接手，兒子曾在蘭陽技術學院念建築，畢業後到加拿大念企管，「我跟他說，你接老爸的公司，你會很辛苦，我也很辛苦，因為我還要挺你，但兒子說要接，有興趣。」

張老闆悟出心得，事業不需要做得太大，寧可保守一點，因為鋼鐵是一個基礎工業，雖然毛利不高，但肯認真用心做，這個行業不會被取代，經營效益好，管理好，就能賺到利潤，這與臺鍍蕭勝彥董事長的經營理念不謀而合。

我得到一個結論：張飛與岳飛不必對打，而且不論在「平行時空」或「非平行時空」，彼此甚至可以合作無間。

Chapter 8

他是來玩真的！

蕭一平是蕭勝彥夫婦唯一的兒子，民國八十年次，二〇二二年底剛升格當上新手爸爸。據說，蕭一平新婚的時候，家人期望小兩口能生一個男孩，父親蕭勝彥偷偷在這對新人的床底下藏了一把「鏟子」，依照中國人傳統習俗，鏟子與「產子」同音，相信可以帶來好運。果不然，婚後新娘子得知懷孕，到醫院產檢證實是一名男孩，為此，蕭一平特別舉辦了一個party，正式宣告，全家都興奮莫名。

蕭一平和另一半是國中同學，畢業之後各奔前程，他們是在另一對國中同學的婚禮上相逢，兩人分別受邀擔任男儐相與女儐相，造就了這一對佳偶。媽媽透露，小兩口的愛情故事如同電影情節般浪漫，蕭一平求婚的當天，兩位姊姊協助他在自家的頂樓陽台，將四周的燈光布置得像飛機跑道，在黃昏暖暖的陽光下，蕭一平單腳跪地求婚，另一半很受感動，整個求婚過程都用空拍機拍成了影片。

生涯被命定的小孩

從小，蕭一平就受到父母期望，並且有計畫地栽培，母親總是告訴他，「一定要好好讀書，以後才能幫著爸爸一起做事。」蕭一平十四歲的時候，父母建議他「應該走出去認識世界」，決定送他到加拿大當小留學生，住在學校的宿舍。蕭一平第一次離家這麼遠，從小到大都是母親把事情安排好，現在人生地不熟，語言又不通，半夜常常因為想家偷偷流淚，時間久了才逐漸適應。在加拿大，蕭一平是老師、同學口中的 Henry Hsiao，高中畢業之後，蕭一平進入多倫多喬治布朗學院（George Brown College）念了旅館管理，二十二歲畢業回到臺灣，先去服完兵役，然後去了日本見習兩年，才正式開始投身父親創立的事業。

身為家中唯一的兒子，蕭一平的個人生涯似乎早就被命定，早已被選擇了。難道他心裡沒有一絲反抗嗎？蕭一平提起一件事，念小學的時候，他迷上周星馳的電影《逃學威龍》，覺得電影裡面的特種部隊「飛虎隊員」又酷又帥，他很喜歡特種部隊的精神，平常自律得生活充實自己，出任務之前對於每一個可能性預作分析及工作分配……，他興高采烈地跟媽媽說，「以後要去當飛虎隊員。」媽媽當下很生氣，臉色非常難看。他不是那種叛逆小孩，他想起媽媽的一番話：「二十歲以前，你要聽父母的；二十歲以後，就由你自己作主。」

他短暫的飛虎隊員夢畫上休止符，沒想到留學回來後，因為服兵役而稍稍得到滿足。他是服替代役，別人可能認為是「爽缺」，他卻不喜歡坐辦公桌負責一些呆板的文書工作，最好是能動、能跑、能跳，居然幸運地抽籤分發到臺中消防局特搜隊，雖然替代役大都只是支援，但也讓他見識到很多棘手的任務，包括抓蛇、摘除虎頭蜂、救火、救溺水、車禍救援，上山下海，哪裡危險，就往哪裡去，「這輩子不太可能去經驗的事，那一年幾乎都遇上了。」

舉例來說，特搜隊曾經緊急救援跳樓自殺案件，同隊隊員回來後晚上連連做噩夢；蕭一平結訓以後，聽聞臺中某工廠發生大火，隊上出動趕去救火，兩位優秀學長進入災區卻再也沒走出來，兩位帥氣英挺的學長年紀都不過三十五、六歲，特搜隊就像一個大家庭，隊員總共四十人，平常沒有出任務的時候大家一起生活，蕭一平與兩位因公殉難的學長相當熟識，還專程參加了兩人的葬禮，從此天人永隔。

生命用在有價值的事

媽媽從旁觀察，消防局特搜隊的訓練改變了蕭一平，生活變得很自律。媽媽記得兒子剛到加拿大當小留學生，還得經常從臺灣打越洋電話把他叫醒上學。自從服完兵役、當過消防局特搜隊員，蕭一平每天都能自動準時起床，因為深刻體會「分秒必爭，每一分鐘都很重要，都有可能救人一命。」他坦承，服消防役對於生命的看法也不一樣，深感生命如此短暫而且不可預測，更要用在有價值、有意義的事，珍惜愛護自己身邊的人，讓他們幸福快樂。

退伍後，蕭一平去了日本，父親希望他去學日文，同時也在日本ＩＳＫ鐵塔用高張力螺栓、螺帽公司當見習生。二十五歲的蕭一平在日本當見習生，已不像當年那個在加拿大的青澀小留學生，半夜不會偷偷流淚，而是感覺責任加身，蕭一平知道「從父親手裡接棒」的這一天，距離愈來愈近了……。

對於承接父業這件事，他很能釋懷，認為這是身為企業二代最幸運的優勢，可以少走一些冤枉路。他知道不少企業第二代，總認為不必依靠上一代，或者對於父母經營的事業沒興趣，決定另起爐灶，自立門戶，一路跌跌撞撞，倒也無怨無悔，因為都是出於個人的選擇，重要的是，用自己的能力為社會作出貢獻。

二〇一八年，全國中小企業總會在臺灣成立了一所「二代大學」，這所虛擬學校創辦的宗旨是為了解決「臺灣中小企業下一代的接班計畫」，這是臺灣中小企業普遍的困境，上一代幾乎都是白手起家，創辦人鎮日忙於經營事業，缺乏對接班人的培養及規畫，既無心也無力，等到事業面臨交棒，才發現事態嚴重。

除了接班斷層，另外一個不容忽視的現象，則是企業一代與二代常因價值觀念不同，彼此時起衝突與溝通裂痕。《天下雜誌》（二〇二二）分析報導，許多創業家的第二代，年紀輕輕就被送出國念書，不論在語言、創意、學識上都十分優秀，但因為缺乏產業經驗，再加上兩代觀念差異，導致企業的傳承出現難題。為此，二代大學搭建一個平台，協助上、下兩

▲身為企業第二代，蕭一平（右）
認為承接父親蕭勝彥（左）事業，
是身為企業二代最幸運的優勢，
可以少走一些冤枉路。

代共創共融，共同打造企業願景藍圖。

蕭一平經人推薦，進入「二代大學」拜師練功，接受養成訓練一年，與他同期的二代學員很多都是身價百億的二代接班人，有的做食品、有的做機台、有的做雷射切管……，業種五花八門，有些二代的年齡已年過四、五十歲，並已正式接棒，但還是會遇到瓶頸，專程來二代大學取經，可見企業經營的確是一門深奧的學問。蕭一平坦承，那個當下對於公司治理了解並不深入，「但周圍的能量很強，每次都深受啟發。」

二代大學課程設計具有兩大特色：其一，採取一對一師生配對，簡單說，即是「一名業師搭配一名學員，每月固定碰面，由業師深入了解學員狀況，採取手把手式教學」，負責指導蕭一平的業師是前杜邦總裁鄭憲誌；其二，設置由業師群成立的模擬董事會（私董會），學員必須在模擬董事會中向業師們提案，由業師協助審視企業經營與決策方向。

有一次的私董會，一名學員上台報告，師生紛紛用專業的角度給了一些回饋，討論得非常熱烈，欲罷不能，「Not to judge, but to help（不是給評斷，而是給協助），我的腦門好像打開了一扇窗，也被點亮。」蕭一平特別解釋。會後，大約二十名師生集結在附近的一間咖啡館，準備一起吃晚餐，「整個氣氛十分溫馨，真的很像一個大家庭。」不過短短一個多小時，那幅畫面卻一直停留在蕭一平的腦海中揮之不去。

收起玩心，承接家業

蕭一平結束日本的見習生涯，回到臺灣就馬不停蹄地在桃園－臺南－高雄三處廠區走訪，自稱「南來北往散步了兩、三個月」，隔了不久，又隨著當時臺鍍公司的執行長陳金增到南部蹲點，陳金增曾在ＩＢＭ服務，是國內自動化生產管理的專家，蕭一平和陳金增在臺南市永康區合租了一間民宿，兩人足足當了兩年的室友，蕭一平從這位前輩身上學到很多管理經驗，但很可惜，陳金增在二〇一九年不幸因病過世，堪稱是臺鍍的一大折損。

陳金增過世之後，蕭一平就一直留守南臺灣，負責管理臺鍍高雄與臺南兩個廠區，員工描述對這位小老闆的印象：「每天穿著公司的藍色制服，挽起袖子幹活，渾身充滿熱情。」

當時，中南部的鋼構廠約有四〇％都是生產太陽能板，對於螺栓帽的需求用量非常大，但這些廠家大都使用不銹鋼螺栓帽，幾乎沒有人使用熱浸鍍鋅螺栓帽。後來，臺鍍把熱浸鍍鋅螺栓賣給了臺中的泓德能源，算是敲開了市場的第一道門，也開啟了蕭一平第一位合作的客戶。

泓德能源把太陽能板鋼構熱浸鍍鋅的生意給了臺鍍高雄廠，那是一筆很大的案子，工地現場在屏東，蕭一平敘述，「我鼓起勇氣，一口氣接了十八個小案場，總共二百噸的鋼構件需要做熱浸鍍鋅，換算下來大約是二．五ＭＷ的發電量。」每天早上八點，蕭一平跳上貨運車的駕駛座，載著整車的物料就一路駛往屏東，在各個鄉鎮跑來跑去，每天晚上回到住處已接近深夜，起初是他一個人單打獨鬥，後來加入高雄廠另一位年輕的業務蘇聖翔一起作伴。回顧與小老闆那一段披星戴月、勤跑工地的日子，足足有半年之久，蘇聖翔迄今依舊津津樂道，「怎麼一下子也就過去了！」

蕭一平具有「初生之犢不畏虎」的拚鬥精神，但接下來，卻是開始面臨一連串的考驗，畢竟是初入商場的新鮮人，他沒料到接單做生意有很多瑣瑣碎碎的眉角，往往讓人始料未及。譬如，下游廠商的品質管理沒有做好，交貨期一再延遲，混料也混得亂七八糟……，鍍好的螺栓帽送到客戶那裡，屢遭打槍，「我以為自己都很有計畫，不過就是按照施工圖的進度施作嘛，」蕭一平有點不服氣，自認已經很小心了，但也只能苦笑以對：「這些錯誤只能用來累積經驗值，才能真正學到教訓。」

蕭一平在加拿大念飯店管理，回到臺灣管理的是兩座鍍鋅工廠，雖然都是管理工作，但行業性質實在是「差很大」。他發現真正可以派上用場的是人際溝通，服務業強調服務至上，客戶可能會犯錯，可能是因為不知情或不了解或不小心，但事情一定要解決，「難道你要去跟客戶嘔氣、鬥氣嗎？」當一名管理者，每天都在處理各種問題，過去年輕氣盛，可能會跑去當面找人理論，把責任對錯歸屬「說清楚，講明白」；現在他則是每天靠打坐、運動，讓自己保持心情平靜，用心察覺，發生的事究竟要讓自己學到什麼，「How may I serve？」

商場上總有一些看不見的潛規則，讓人稍一不留神就踩到地雷。舉例來說，價錢便宜不見得就是好事。有一家臺南市做模具的客戶（圓宸公司）向臺鍍高雄廠下單，購買熱浸鍍鋅螺栓組，蕭一平到下游螺栓帽供貨商現場去看樣品，都沒有問題，但鍍完之後的螺栓帽送到圓宸公司，赫然發現，螺帽的內徑從〇．八mm變成〇．九mm，雖僅〇．一毫米之差，卻造成拴不緊、脫落，甚至鎖緊的過程崩牙，被圓宸的陳老闆罵到臭頭，「你們的東西品質很差，不但拴不住，而且鋅渣都沒清乾淨，螺栓帽很容易斷裂，耗損很凶……。」接近深夜十二點，陳老闆傳了一張照片過來，在電話那端愈罵愈大聲：「現在都幾點了，我們還有六、七位員工在這裡拴螺栓，你要不要乾脆自己來鎖鎖看！」由於過去的商業模式屬於代工，沒有產品銷售的經驗，對於供應商在加工過程中的各關卡以及進貨、出貨檢查等等……各環節需把關的敏感度不夠，沒有去注意到這些細節而導致。

蕭一平連聲道歉，並且承諾盡快補救重製。這位大聲罵人的陳哲和老闆，年長蕭一平七、八歲，他的印象很深，隔了兩天，蕭一平果真親自帶著工具到了圓宸，自己就在施工現場鎖了大半天的螺栓帽，爬上爬下，搞得汗流浹背，臨去之前跟陳老闆說：「我已經了解我們的產品問題出在哪裡，我回去立刻處理……。」就從那一天開始，陳哲和對蕭一平完全改觀，

▲▶臺灣中南部生產的太陽能板大都使用不銹鋼螺栓帽，熱情的蕭一平終於把臺鍍的熱浸鍍鋅螺栓賣給了臺中的泓德能源，開始進軍光電板領域。

在他眼中的這位老弟，做事態度誠懇務實，並沒有應付了事，逐漸產生了信賴。

不罵不相識，黑手VS二代

果真是「不罵不相識」，陳哲和回述第一次和蕭一平交手，知道他是企業第二代，又曾經留學加拿大、喝過洋墨水，大概是自己八點檔連續劇看多了，加上也曾接觸過一些企業二代，不免有一些既定的刻板印象：「不過就是穿西裝、打領帶的公子哥兒吧，繼承家業只是來沾一下醬油，過個水，玩票而已！」後來，蕭一平每間隔兩、三週，就會專程跑到圓宸，向這位兄長請益，陳哲和也不吝傳授個人商場經驗，久而久之，兩人逐漸無話不談，結為好友，甚至成為共同合作的策略聯盟夥伴。陳哲和記憶最深的一句話，有一次蕭一平親口跟他說，「在國外留學時期也玩夠了，真的要好好收心，準備承接家業了！」

陳哲和沒有蕭一平這種好背景，他沒有上一代的家業可以倚靠，完全是自己白手起家，他的父親雖然也曾開過工廠，但生意失敗收攤，賠了好幾千萬。陳哲和和哥哥從念國中就開始打工賺錢，高中進桃園農工夜校，白天到模具工廠當學徒，一家五口每人一個月拿一萬塊回家，前後花了六、七年一起努力還債，「每次學校需要繳學費，都是母親四處張羅找人借貸。」他描述那一段成長經歷，不帶怨言，也沒有自艾自憐。

退伍之後，陳哲和進入一家模具科技公司，從做模具設計開始入行，因為父親跟他說過，「模具是工業之母，萬物皆從模具而來，只要有一技在身，這輩子就餓不死。」由於過去的成長背景，養成陳哲和苦幹實幹、講求務本的性格，每天工作超過十五個小時，甚至通宵達旦熬夜加班，仗著年輕力壯也不以為意，就這樣足足過了八年。但一成不變的日子久了，他思前想後，反省這樣的工作型態並非長久之計，賺到的不過是爆肝風險和一些加班費，滋生自行創業的念頭。

陳哲和猜想，父親對於經商失敗，似乎耿耿於懷，不免寄望下一代。父親發現罹患癌症，曾親口叮囑他們兩兄弟，「你們最好不要再為別人打工，應該考慮自己創業，不然哪一天突然被裁員，自己都不知道是怎麼死的……。」陳哲和把父親這番話聽進去了，也想完成父親的心願，「好，我答應你，我把我的積蓄全部拿出來創業，萬一賠光了，大不了我再回去上班。」其實，他也不知道要創什麼業，就是想總要試一試，不妨就從自己最熟悉的模具入手。

創業那年，陳哲和才三十出頭，差不多就是蕭一平現在的年紀，生意跟著景氣時好時壞，但尚能維持運作，，後來一家客戶請他協助改善一支有專利的「石中劍膨脹螺栓帽」，隨口問了一句：「你能不能做太陽能板鋼構？」陳哲和豪氣回說：「只要有錢賺，你叫我去掃廁所都可以！」

真心以對，就會喜歡

鋼構太陽能電板是全球正夯的綠能產業，前景頗被看好，正如蕭一平常聽到父親說的一句話，「只要有鋼鐵業，就需要有熱浸鍍鋅。」做鋼構就需要熱浸鍍鋅加工，陳哲和打聽臺鍍公司，了解這是一家老牌而且正派經營的企業，時機正巧，已開始接棒的蕭一平也想進軍太陽能板這塊領域，主動向圓宸推銷臺鍍的熱浸鍍鋅螺栓帽。

蕭一平與陳哲和年齡相仿，也都是從傳統產業出發，儘管各自出身不同，但理念與價值觀接近，「相處久了，也逐漸清楚彼此，很容易溝通，這就是一種默契。」陳哲和回想與蕭一平因誤解而了解進而合作，自己也認為不可思議。

後來，蕭一平從臺中泓德拿到一筆非常大的訂單，總金額臺幣一億，一共一千八百噸的太陽能板鋼構需要鍍鋅，總面積拼起來大概是七千五百坪，相當於二．五甲地。蕭一平找圓宸陳老闆協商，因為那時候已經跟圓宸來往了一段時間，雙方生意做得順順的，打算一起合作接這筆生意，最後拍板決定一起承接。

眼見鋼材市場直直往上漲，蕭一平擔心成本增加，打算先下單「卡」住一批材料，圓宸的一千萬資金也跟著投下去了。結果，人算不如天算，這個工程整整拖了一年才開始動工，一年後的鋼價不漲反跌，降了二〇%，造成圓宸財務週轉不靈，眼看馬上就要發生跳票……。那一陣子，圓宸陳老闆心急如焚，擔心公司面臨倒閉，蕭一平也愁眉不展，吃不下，睡不著，「該怎麼辦？該怎麼辦？有什麼方法可以解決？」

蕭一平跟臺鍍總公司報告，希望能夠適時提出財務救援，包括董事長、顧問、財務長等七人小組紛紛提出質疑，「你沒有必要去幫圓宸扛這件事……。」「可是，出面聯絡的窗口是我，圓宸出了狀況我也有責任，這是商業道義啊！」蕭一平不斷據理力爭，堅持一定要幫忙到底。但因金額太高，擔心事後萬一收不到帳款，會拖累臺鍍，最後取得七人小組共識，必須做風險評估，提議先去做商業徵信，也要求圓宸將那一批鋼材設定抵押，並允諾在臺鍍能夠承擔的範圍內予以資金挹注，七人小組並再三叮囑蕭一平，「有了這一次，絕不能有第二次。」最後一起協助圓宸度過這場跳票危機。

有句話形容，商場沒有永遠的敵人，也沒有永遠的朋友，因為都是奠基在利益往來。曾有幹部向蕭一平提出質疑，明明臺鍍可以賺得更多，為什麼非要與圓宸聯手不可？他語氣平和回答：「因為圓宸也是我們的團隊，我們是站在同一條船上，彼此已很有默契，而且互相蕭一平：「因為圓宸也是我們的團隊，我們是站在同一條船上，彼此已很有默契，而且互相坦白，商場競爭有很多看不見的『隱藏成本』，表面上看起來賺很多，其實背後虧很大，圓宸是值得信任的夥伴，而且會負責到底。」

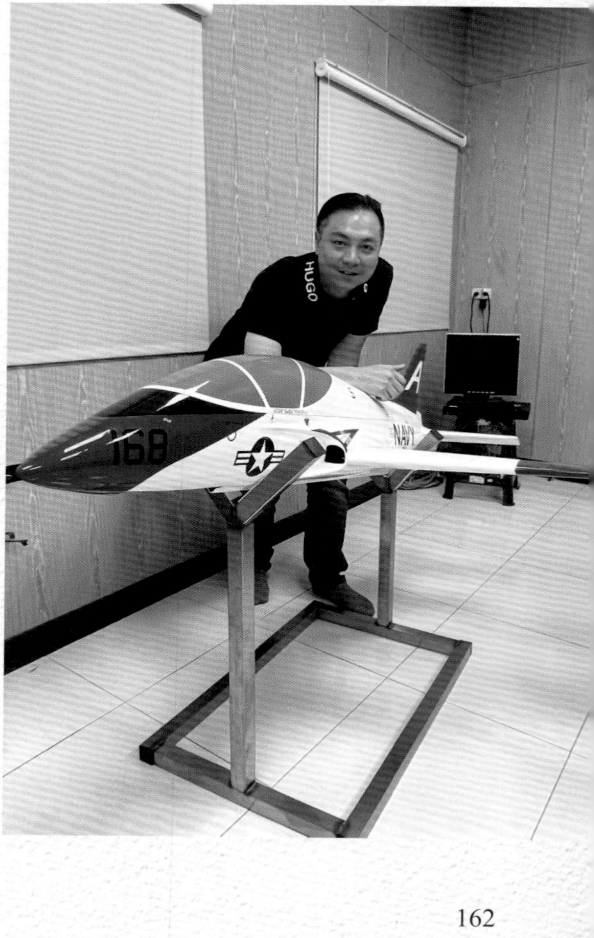

▲▶兩人雖然相差七、八歲，蕭一平做事態度誠懇務實，一改陳哲和對企業二代的刻板印象，兩人因誤解而了解進而成為合作的好夥伴。

坦白，商場競爭有很多看不見的『隱藏成本』，表面上看起來賺很多，其實背後虧很大，圓宸是值得信任的夥伴，而且會負責到底。」

坐在臺鍍高雄路竹廠區的老舊的辦公室，不時從窗戶外傳來廠區裡轟隆的器械操作聲，蕭一平細數，這一路走來經歷的起伏與心情轉折，吐出一句真心話：「我是在自己真正投入之後，才開始喜歡熱浸鍍鋅這個行業。」他記住父親蕭勝彥常跟他說，自己當年也年輕過，也嘗過跌跤挫敗的滋味。蕭一平從父親身上學到一件事：年輕人一定要讓他嘗試犯錯和失敗，如果他能想到方法解決問題，就表示他真正學到了，才能得到成長。

「二代大學」校長李紹唐協助企業轉型的經驗相當豐富，他分析指出，輔導一家企業二代順利轉型，至少需要十年的養成時間，才能看到具體結果，這是「樹人」的工程。臺鍍具有四十多年的歷史，比蕭一平的年齡至少還多了一輪，內部的老臣幹部也不少，除了外部環境競爭，還得面對內部管理壓力。

「我還有很長的時間可以學習，而且我的夢想也很大。」三十二歲的蕭一平兢兢業業，雖然才剛起步，他有信心帶領臺鍍繼續往前奔馳，即使未知的考驗還在後面，但有了父親蕭勝彥走在前面以身示範，父子同心打造「讓臺鍍成為最專業、最熱情、最幸福的中小企業」，似乎指日可待。

Chapter 9

我感覺自己快要被煮熟！

二〇二三年五月十五日，美國CNN有線電視網報導了一則消息，引起許多科學研究人員關注，CNN這則消息指出：美國佛羅里達大學一群海洋生物研究人員，在實驗室裡分析從沙灘回收海龜足跡的DNA時，意外偵測出人類的DNA；而另一組研究人員在測試從愛爾蘭威克洛郡（County Wicklow）攜回的阿沃卡河水（Avoca River），這些河水樣本採集自上游無人居住的地區，但也同樣測出人類的DNA。科學家從這些意外收集到人類的DNA做了一個簡單的結論，不論何時何地，包括沙灘、海水、室內空氣等，都能輕易地找到人類在地球留下的證據。

近來，經常從地理環境科學家口中聽到一個名詞「人類世」（Anthropocene），最早這是由諾貝爾獎得主、荷蘭大氣化學家保羅．克魯岑（Paul Crutzen）率先於二〇〇〇年提出的概念，意指人類從最早期的務農、狩獵、畜牧開始，以及後來經過工業革命、科技革命，一直到當前的雲端網路、人工智慧為止，人類所有的活動都已十分明顯地影響到地球表層以及氣候，包括大氣層中二氧化碳濃度上升，衰減的生物多樣性及生態系統，人類活動造成的結果足以成為一個新的地質時代。[1]

第一次聽到「人類世」這個名詞，實在難以形容心中的震撼，不免聯想到那部全球知名的電影《侏儸紀公園》，發生在六千多萬年前白堊紀時代一次大規模物種滅絕，最後造成所有的非鳥恐龍、滄龍科、蛇頸龍目、翼龍目以及多種植物從此在地球上消失，鳥類與哺乳類得以存活下來，演化成為新生代的優勢動物。白堊紀滅絕是地球歷史上第五次大規模物種集體滅絕事件，科學家認為，最有可能是小行星或彗星與地球發生撞擊事件，或是因為火山爆發造成大量灰塵進入大氣層中，遮蔽了陽光，降低了植物的光合作用，進而影響生態系統；也有少數科學家認為，這次滅絕事件是緩慢發生的，造成滅絕的原因是逐漸改變的海平面與氣候。[2]

前面兩則關於在沙灘上採集到「人類 DNA」，以及首度出現「人類世」名詞，看似沒有直接關連的訊息，不約而同指出一個值得深思的問題：凡走過必留下痕跡，人類到底要為這個地球留下什麼呢？

地球公民減碳大作戰

近來聽到地理環境資源專家、臺大副教授洪廣冀提出，過去的歷史學研究花太多力氣與

1 參考資料：維基百科。
2 參考資料：維基百科。

篇幅在探討改變歷史的人，卻對人類賴以生存的環境視而不見，從未把山岳、濕地、海洋與草原等環境納入歷史書寫，反而把環境視為外在於人性、被動，等著人類去觀察、理解、分析、征服與治理。人類原本只是自然環境的一部分，後來變成了主宰，當人類「以自我為中心」毫無節制地過度開發與資源濫用，導致自然環境與生態嚴重耗損，包括氣候暖化，地球升溫，南、北極冰山溶解……；自然環境科學家悲觀預測，到了二〇三〇年，北極冰山就會全融！

無休無止的高碳排放，導致極端氣候，並把人類變成「氣候難民」，聽聞這一連串的消息，真是讓人極度憂心，忍不住冒出一句驚呼：人類自食惡果，地球快要被煮熟，人類未來恐將難逃滅絕！難道就這樣坐以待斃？我們這一代該如何搶救地球？可以為環境做些什麼？我們不能無以復加地把地球生態弄到衰敗，然後把難以收拾的爛攤子丟給後世子孫，讓他們更加束手無策。

近年在聯合國積極呼籲倡導之下，各國政府開始制訂碳排放標準，全球企業進入一個全新的低碳排時代，未來將面臨「沒低碳、沒訂單」的市場競爭。碳權、碳稅、碳費、碳中和、碳交易……這些都是新近出現的名詞。

簡單解釋，「碳權」就是「排碳的權利」，碳權通常以一公噸的碳排放量做為計算單位，產生的方式分為兩種：一是透過政府「強制性」的總量管制與交易（Cap and Trade）產生；

另一種則是在「自願性」市場產生，時常被企業用作「碳抵換」（Carbon Offset）的手段。[3]

世界上第一個碳交易機制「歐盟碳交易市場」（EUETS：European Union Emission Trading System）即是屬於強制性類型，從實質面來看，企業若能搶得先機，減少碳排放，不僅對氣候變遷有所貢獻，企業營收也可因碳權交易而獲利。最知名的案例，就是電動車品牌「特斯拉」（Tesla）因碳排放低於歐盟標準，獲得大量碳權，可以拍賣給其他燃油車廠。「飛雅特克萊斯勒汽車集團」（Fiat Chrysler Automobiles）就因無法達到歐盟規定的碳排放標準，二〇一九～二〇二一年間共花費二十四億英鎊（約六百六十八億新臺幣）向特斯拉購買碳權，成為特斯拉碳權的最大買家。[4]

第二種自願性碳市場的碳權，是指企業透過不同的減碳、再生能源、碳捕捉、造林等方法手段，向境內或是國際機構申請認證，通過機構認證獲得的碳權，即可在自願性市場上販賣或進行「碳抵換」（Carbon Offset），以彌補日常活動產生的碳排放。

全球企業風起雲湧掀起減碳行動，臺灣當然也無法置身事外，行政院環保署制訂溫室氣

3 參考資料：綠色和平。
4 參考資料：綠色和平。

體減量與碳抵換管理機制，企業可在環保署平台申請碳權認證或刊登碳權交易資訊。[5]

熱浸鍍鋅廠的見習生

我們把場景拉回桃園市觀音區臺鍍觀音廠。

聽聞臺北市萬華區青年公園裡有一座太陽圖書館與節能展示館，興建過程使用熱浸鍍鋅工法，我們在初夏的週末，實地走訪了這間小型社區圖書館。下午三點，頭頂太陽依舊威猛，由臺鍍觀音廠業務課長

▲利用太陽能發電，或許是現階段可以為環境盡一份心力的方法之一。

李祐承帶路，做了一趟小型的城市巡禮。

青年公園太陽能圖書館是臺鍍二〇一〇年的一件小案子，規模不大，只有兩層樓高，總面積二百坪，但外觀造型頗有特色，建築鋼材使用熱浸鍍鋅，不到二十噸。顧名思義，太陽能圖書館是利用太陽發電及採光，現場沒有館員，是一座符合節能減碳的智慧型圖書館，民眾只要憑著臺北市立圖書館的借書證或悠遊卡，就可以獨

5 參考資料：綠色和平。

自操作完成借閱手續；此外，平日有很多戶外活動也在這裡舉辦，成為萬華社區居民重要的生活據點之一。

太陽能圖書館門口右手邊三公尺處，有一小塊褐色招牌，灰灰舊舊，看起來很有歷史感，我們好奇是使用什麼材質，「喔，那個叫做耐候鋼，它本身就可以對抗氣候變化，這種鋼材與熱浸鍍鋅沒關係，它很貴，中鋼也有生產。」

李祐承解釋，鋼鐵本身會被氧化腐蝕，時間久了，不銹鋼受到環境物質影響而氧化。我們繼續追問，為什麼家裡洗手台的水龍頭不會生銹？李祐承開始滔滔敘述，「那是因為我們經常去擦拭，而且與它本身使用的鋼材也有關，水龍頭使用三一六型號抗腐蝕鋼材，通常外科醫生的手術器材也是使用這種鋼材，可以延長使用壽命。」李祐承說得「一口好鋼」，我們頻頻點頭，讚許他的專業。

在臺鍍近二百名員工裡，年紀在三十歲左右的「八年級生」年輕幹部，幾乎用五根手指頭就數得出來。三十一歲的李祐承並非建築工程背景，他是念體育出身，但他出社會幾乎沒有從事過與體育相關的工作，而是一腳踏進了風馬牛不相及的熱浸鍍鋅行業。李祐承的父親經營餐館生意，他和妹妹從念小學就在自家餐館裡幫忙端菜，一直到大學畢業。他態度坦然說道，「我從小嬌生慣養，要什麼有什麼，直到高中念體育班，因為打籃球通過大學入學學測，進入臺北市立大學繼續念體育，才變得比較獨立。」

李祐承和臺鍍「小老闆」蕭一平是國中同學，兩人感情很要好，蕭一平在加拿大唸書暑假回臺灣，聽到同學正打算找工作，蕭一平靈機一動，「不然你來我家（臺鍍）試試看？」李祐承根本沒有多想，一口答應，「好啊！」他是真的不懂熱浸鍍鋅這個行業，壓根就是一張白紙，但年輕人只要肯學，慢慢就摸熟了。

八月四日，李祐承第一天上工，天氣很熱，他在進出貨部門先待了一個禮拜，認識產品以及進出貨流程；第二週去熱浸鍍鋅控制室，隔著控制室有一層厚厚的強化玻璃，他形容施工現場的景象：看到很大支的鋼構，約兩公尺半寬，長五公尺，加起來恐怕比五張床還要長，那麼大的鋼構吊在半空中，用起降機緩緩放進鋅爐，放下去之後馬上就被淹沒，鋅的熔點是攝氏四百一十九度，熱浸鍍鋅爐的溫度則高達攝氏四百五十度，站在旁邊的那些施工人員的體感溫度大概是四十度，「鋼構放下去的熱度噴著鋅液，都可以有那種『被煮熟』的感覺……，如果不小心被噴到，衣褲都會燙破一個大的洞，才知道原來這麼燙。」

熱浸鍍鋅施工一定要做好工程安全管理。鋅的密度是水的七．一四倍，非常濃稠，每一支鋼構件都是中空，需要做熱浸鍍鋅的鋼構件頭尾一定要留洩鋅孔，類似密閉的壓力鍋一定需要一個排氣孔，否則放進鍍鋅爐就沉不下去。同業的熱浸鍍鋅廠曾經發生一個意外事件，兩支鋼管放進攝氏四百五十度滾燙的鋅爐時發生爆炸，鋅液從鋼管噴發出來，把整個控制室的玻璃都擊碎了，根本就是災難片！

體育生，轉大人

李祐承到職剛滿一年，蕭董就指派了一個任務給他，要求他去一些公共工程會議演講，李祐承忐忑不安地接下任務，也想挑戰自己的能耐，他第一次是參加經濟部標準檢驗局的會議，與會者都是與建築相關的工程人員，「大家都懂熱浸鍍鋅，只有我最菜，最不懂。」他去講了三個場次：臺北、臺中、臺南，出席學員總共超過三百人。李祐承沒有漏氣，那三次的演講簡報內容做得有模有樣，看得出來的確下了一番工夫。

從臺北市驅車轉往新北市中和區，這是人口稠密的老舊區域，道路不寬，車輛擁擠，還得時時注意閃過如蜂群的機車陣……。李祐承一直開到北二高的連外高架道路下（台六十四線），他熄掉引擎，把車子暫時停靠路邊，指著頭頂上支撐高架道路的鋼梁說道，「你們看，那一整段鋼梁都是用油漆，明顯掉漆、螺栓也都生銹了，已經維修好幾次，真正使用熱浸鍍鋅的路段只有一．六公里長，到現在二十九年了，都還好好的……。」

▶看著臺鍍業務部的兩大主將：副總李開志（右）、課長李祐承（左）各自與客戶聯繫，頗有世代傳承的意味。

▼台北市長興自來水廠是李祐承的第一件「作品」。

結束參訪，返回市區途中，李祐承手握方向盤，繼續述說他的故事：結束臺鍍高雄廠兩年見習，他被調回桃園觀音廠業務部，他的主管是超級業務出身的李開志副總，訓練新人的經驗非常豐富，除了傳授一些銷售技巧，更大膽放手讓李祐承獨當一面，要這個菜鳥自己嘗試報價接案。李開志副總有一個帶兵原則，「不要擔心部屬犯錯，即使犯錯也不要一直糾結在追究責任，這是打擊士氣，而是想辦法在下一個案子補救回來。」

李祐承的第一件「作品」——臺北市自來水事業處長興自來水場蓄水池，這是提供臺北市民自來水的主要供應處之一，因為地點就在辛亥路二殯的旁邊，北市自來水事業處決定要加蓋池頂，以防止附近焚燒的污染物掉入，池頂鋼構需要熱浸鍍鋅的工程是由臺鍍承包。自來水事業處的案子是一筆很大的金額，這件案子讓李祐承很有成就感，他發現做業務很符合自己的本性，他有一個信念，「做喜歡的事，自然就能賺到錢。」

李祐承接到另一個挑戰是新北市樹林區的一座行人與自行車陸橋，總長一百五十公尺，這條陸橋的每一支鋼構是十八公尺長，但鍍鋅爐只有十六公尺長，放不下這麼長的鋼材，於是只能用分段鍍鋅後再組裝的工法，完成熱浸鍍鋅後再加一層油漆塗裝，雙重防銹，基本上維持使用一百年沒有問題。

淡江大橋是李祐承目前經手最大的案子，將近六千噸鋼筋和鋼架要做熱浸鍍鋅，金額超過六千萬臺幣。淡江大橋在全臺灣也是一個指標性的工程，新北市淡水區經常塞車嚴重，多了一座淡江大橋可以疏通分流塞車狀況，通往新北市八里區轉接台六十四號快速道路，可以再接到土城或者轉高速公路。

淡江大橋興建工程公開招標好幾次都流標，臺鍍並未參與標案，最後是由工信工程標下，再分別發包給下游廠商，熱浸鍍鋅部分直接發包給臺鍍。李祐承當時研判，工程單位採買鋼料的東和鋼鐵廠就在桃園觀音，距離臺鍍很近，而且那個鋼構的尺寸很長，在北部只有臺鍍的大爐能接單，這筆生意不做很可惜。李祐承主動去洽談，但付款條件未做讓步，對方算盤打一打，評估如果交給中部廠去做熱浸鍍鋅加工，光是來回運費的成本划不來，最後還是把這筆生意給了臺鍍桃園觀音廠。

未來企業：沒低碳，沒訂單

當前企業最大的任務：減碳大作戰，沒低碳，拿不到訂單。降低石油發電燃料，尋找替代性再生能源便是其中一項，根據資料顯示，臺灣近十年的太陽能板發電裝置容量與發電量呈直線上升，二〇一〇年太陽能板發電總量為二十一．七三百萬度，到了二〇二二年已飆升至一萬零一百四十六百萬度。

悶熱的九月初，氣象預報軒嵐諾颱風在外海的環流，將會持續兩天帶來豪大雨。在大雨來襲之前，高雄廠業務蘇聖翔駕駛一輛黑色房車，載著我們搶先衝進臺南市學甲區靠近海邊的北門，這裡有一整片的太陽能光電案場，當車子沿著蜿蜒的小徑一路往前駛進，夾雜雨絲的海風，不斷地從左側的臺灣海峽，一陣一陣掃過來。

蘇聖翔握著方向盤，拐了幾個彎，終於看見一大片太陽能板整齊畫一斜躺在小徑旁邊的埤塘內，「你們看，每一塊電板都面向南方，這樣可以維持較長的日照時間。」聖翔順手指了指埤塘旁一座無人看管的「升壓站」，約莫一樓半高，「它的功能是把太陽電能集中彙整，再透過電纜系統輸送回到台電。」

這個學甲太陽能發電案場，方圓數公里之內幾乎看不到幾戶人煙，小徑夾道兩邊只有超過半個人身高的芒草和幾窪水塘，路邊沒有任何路燈裝置，我的心裡一陣發毛，不免聯想：「齁，這地方到了晚上，簡直像電影《倩女幽魂》的場景，鬼魅幢幢……。」

蘇聖翔打斷了我的胡思亂想，解釋說，由於這一帶的土壤含鹽量高，農民種不出什麼農作物，而且農村普遍面臨缺工，有些農民被迫轉型，乾脆挖幾個埤塘用來養魚，但也有不少農民把農地租給能源公司種電，再把電力轉售給台電，租期大多長達二十年。

▲臺鍍人的一天就從蕭勝彥帶領做體操開始！

中南部雨水少，日照時間多，比起北部更適合發展太陽能發電。臺南學甲的光電板案場稱得上是臺鍍的一件大案子，太陽能板每天接受日曬雨淋，這些支架、方管、立柱一定都需要做熱浸鍍鋅，否則很快就會腐蝕，「蕭董提醒我們，要把這些案場用空拍機記錄下來。」蘇聖翔繞著現場來回打量，思索著接下來該如何執行這項任務。

前後巡視一番，天空開始聚集烏雲，我們迅速鑽回車內，「以往，我們大多是被動地坐在辦公室等著客戶上門，反正訂單總是源源不絕地接不完，」蘇聖翔清清喉嚨，發動油門，繼續接口說道，「不過，蕭副總上任之後改變作法，他經常主動登門親自拜訪客戶，太陽能光電板的熱浸鍍鋅訂單就是他開發出來的。」

蘇聖翔年齡三十出頭，大學畢業之後，工作一路斜槓，他和桃園觀音廠李祐承是大學同學，都是念體育，也都沒有繼續走本行，兩人一前一後進了臺鍍，一個在北部觀音廠，一個在南部路竹廠。

蘇聖翔沒進臺鍍之前，做了一陣子冷凍空調，那是很費人工的行業，要負責住家、企業的安裝，既要懂得配水管，還要稍懂木工、水泥工，用電鑽鑿牆壁，「總而言之，文的、武的，都要會一些，並不輕鬆。」有一次，聖翔偶然聽到蕭董說的一句話：「有鋼鐵的地方，就有熱浸鍍鋅。」突然發現這個行業並不像外表看起來那麼傳統，很具有前瞻性，於是決定改換跑道，而且，還可以跟大學同學一起工作。

臺鍍員工年齡層偏高，像他們這樣的年輕人很少，「沒錯，熱浸鍍鋅這個行業很難吸引年輕人，沒想到我已經待了八年，當初進臺鍍也不被資深幹部看好，猜想我們大概撐不了多久……。」聖翔甚至還介紹另一位同學林郁昆進了臺鍍，他是一位熟悉加工設備的電腦數值（Numerical Control Machine）工程師，留任在路竹廠和聖翔一起打拚。

聖翔除了負責營業單位，還兼管光電部門，工作夥伴有五、六人。由於他們這幾個年輕人和小老闆蕭一平年齡相近，被公司內部戲稱為「太子幫」。乍聽之下，感覺好像電視宮鬥劇裡描述的情節，一群人組黨結派，打算搞政變，蕭董卻一點也不以為意，畢竟，這個已超過四十年歷史的產業，的確需要注入更多的新血，才能帶來一番新氣象。

自從蕭一平接掌臺鍍高雄、臺南廠之後，帶著年輕人的衝勁與熱情，展現與上一代創業者不同的風格。譬如，臺鍍高雄廠開始承接光電板、太陽能支架熱浸鍍鋅，這些都是正在發展的綠能產業。「自從接觸到光電板這個領域，讓我看到不同的 vision（視野）。」眼前這位三十出頭、意氣風發的副總蕭一平，說話的語氣和神情，讓人不禁對照一九七〇年剛從日本回臺創業的蕭勝彥，對未來也是滿懷憧憬。

近幾年，蕭勝彥積極布局，企圖把臺鍍從傳統加工產業轉型為綠能產業。眼看著二代的熱浸鍍鋅這個已超過四十年歷史的產業，在蕭一平接掌臺鍍高雄、臺南廠之後，展現與上一代創業者不同的風格，開始承接光電板、太陽能支架熱浸鍍鋅，這些都是正在發展的綠能產業。

▲臺鍍人戲稱的「太子幫」，由左至右：李祐承、蕭一平、蘇聖翔、劉泉亨。

蕭一平愈來愈成熟穩健，面對企業接班後繼有人，蕭勝彥似乎可以毫無懸念地往既定目標繼續前行，他充滿樂觀的期許：「蕭一平以後絕對會比我更有成就，他很懂得數字概念，也能掌握經營管理，更看到未來趨勢。」

在臺鍍待久了，蘇聖翔不自覺已養成了一個習慣，每回帶著家人孩子出門，看到路邊的電線桿或路燈，都會注意到有沒有用熱浸鍍鋅做防銹處理。聖翔總是會指著路邊的電線桿驕傲地跟孩子說，「看哪，那些（防銹）施工都是爸爸公司做的！」女兒回說，「哇，爸爸，你們公司好厲害！」聽到女兒拍手讚賞，聖翔很得意。

我想起一年前的五月初夏，隨著蕭董、李開志副總去了桃園拉拉山，視察巴陵鐵塔，沿途行經之處，蕭董也都是東指、西指、天上、地下，「這些電線桿都是臺鍍做的，那些水溝格柵板也是用熱浸鍍鋅施工……。」難不成這也是一種臺鍍熱浸鍍鋅文化？總是興致勃勃地跟別人說，自家做了什麼、什麼。蕭董一直鼓吹「創造熱浸鍍鋅文化」，不是一句掛在牆上的標語，而是需要用實際行動去實踐。

臺鍍上一代在商場上衝鋒陷陣，接棒的第二代新生團隊呈現了不一樣的風格，轉攻為守，守住環境，守住地球。他們熱愛自己的行業，因為它是對環境永續有意義的事。地球是自己的家，身為地球公民，自己的家園自己救。你愛你的家嗎？

Chapter 10

明日之鉡：默默守候，百年不變

新店碧潭是臺灣北部著名的觀光風景區，其中最具代表性的「地標」莫過於超過八十年歷史的碧潭吊橋，這座跨越新店溪的吊橋既是地景，也是附近社區民眾日常生活的重心。

碧潭吊橋全長約二百公尺，寬度三．五公尺，距離水面的海拔高度約三十公尺，經常可以看到吊橋上川流不息的人潮，以及橋下許多遊客踩著鴨子船戲水；每到六月夏令端午節前後，更是聚攏大批龍舟隊伍，男女隊友大聲吆喝，奮力向前划著船槳，相互競速追逐，兩岸助陣的鼓聲隆隆作響。

身為碧潭居民，我在這座吊橋上來回無數，早已數算不清，就如同蔡琴吟唱的《讀你》，走過千遍也不厭倦。有天早上經過吊橋，無意間聽到負責帶隊解說的導覽員對一群外地遊客說，「你們知道這座吊橋可以容納多少人？」他自問自答，「可以同時承載一千人。」聽到這個數字，我下巴差點掉下來，起初以為是導覽員隨便唬爛，事後特別上網查詢求證，居然是真的。

還有另一件讓我差點掉下巴的事，後來我才知道，碧潭吊橋與熱浸鍍鋅也扯上了關係。吊橋曾經過三次整修，一九九九年採用了熱浸鍍鋅防蝕工法，包括垂吊鋼索、兩邊護欄、橋面板等，全部都做了防腐蝕處理，連工帶料都是由臺鍍提供。這座用鋼絞索撐起來的吊橋，橋底下沒有水泥橋墩，一旦遇到大風大雨來襲，橋身會左右搖晃，難免讓人擔心它的堅固牢靠。我曾在風雨中徒步通過碧潭吊橋，除了搖晃，但安全無虞，這麼多年來，不知經過幾番風雨，碧潭吊橋就是這麼值得信賴，經得起考驗。

蕭董聽我敘述這一段，想起碧潭吊橋完成第三次整修後，正式啟用當天，新北市特別邀請地方仕紳、耆老舉行開通典禮，蕭爸爸（坤旺）與蕭媽媽（賴金葉）都受邀參加剪綵，並來回走了一趟碧潭吊橋，二老領頭走在最前面，身後跟著浩浩蕩蕩的百人隊伍，威風凜凜，蕭爸爸倍感榮幸，能夠一同參與見證了這座吊橋的歷史。

二〇一三年，在地民間團體向政府申請碧潭吊橋為古蹟獲准，當年八月，新北市政府正式公告為市定古蹟，一條「高齡」八十多歲的碧潭吊橋承接了過去、現在與未來，紀錄了所有走過它的人的足跡。世界上有許多百年古蹟、百年建築、百年工藝品之所以受到人們的珍愛與讚嘆，都是因為根基穩固、做工精湛、深得信賴。譬如，很多經典款式的手錶、汽車、珠寶飾品，都被人們當成追逐緬懷的對象，在藝術拍賣市場上永垂不朽。

沒有盡頭的馬拉松賽跑

好的，我們現在回來說說熱浸鍍鋅這個產業，它和經典、永垂不朽有什麼關係？常有人用一句話形容，「富不過三代」，一個家族的興旺到了第三代，大概就差不多面臨瓦解。日本曾對過去盛行的大商社做過研究，企業的壽命平均是三十年。臺灣經濟部中小企業處統計，臺灣中小企業平均存活壽命僅有十三年；美國《財富雜誌》（FORTUNE）統計的數字也顯示，全球前五百大企業平均壽命約為四十年到四十二年，現在大概僅剩下十五年至二十年。[1]

為何百年企業相當少見？企業經營一定會遇到風險及挑戰，總是會有意想不到的意外變化，如今又有疫情方興未艾，為企業永續帶來更多挑戰。長壽企業的關鍵在於企業必須要跟隨時代翻轉，對於未來必須具備前瞻因應的眼光與能力，當大環境開始露出一些端倪，在其他人可能尚未察覺的時候，嗅覺敏銳的企業已開始超前部署，準備對策並採取行動。很多企業往往撐不過一些關卡，當環境發生巨變就應聲而倒，所以不能只看當下，還要思索未來，眼前的盛況不會是永遠的榮景，及早看到未來的願景，並在某些重要轉折點做了變革，找到新的出路，才能維持長久。

扳起指頭細數，臺鍍已經走過四十六年，正朝向半世紀的長壽企業邁進。在蕭勝彥三十多歲創業的時候，差不多就是兒子蕭一平現在這個年紀，對於未來充滿雄心壯志，夢想闖出

1 資料來源：《影響力策略：十六個永續共榮的企業故事》二〇二一，天下文化出版。

▲走過 46 個年頭的臺鍍，正朝向半世紀的長壽企業邁進。蕭勝彥（前排右二）30 多歲創業時，對於未來充滿雄心壯志，夢想闖出一番局面，只是一個簡單的念頭：想自己當老闆。60 歲以後，蕭勝彥逐漸感覺到經營事業不應只是賺錢牟利，還包括社會責任，甚至總是超前部署，當產業的領頭羊。

蕭勝彥：「一個人一輩子能做好一件事就功德圓滿，而我這輩子只要做好熱浸鍍鋅這件事就夠了！」

▲將「推廣熱浸鍍鋅文化」當成這輩子使命，1988 年蕭勝彥開始自費出版《熱浸鍍鋅》雜誌，至 2023 年已發行超過 80 期，儼然成為工程界的指標性刊物。

◀公共工程界前輩大老邱琳濱：80 歲的蕭勝彥，依舊充滿鬥志，雖然是公共工程的門外漢，卻比許多工程界的人更有使命感！

一番局面，不過，坦白講，他並沒有想到「百年企業」這種偉大的使命，只不過是一個簡單的念頭：想自己當老闆。當年的蕭勝彥也無法體會，「創業」等同於一場馬拉松賽跑，而且並不是每個人都能跑到終點；即使憑著毅力與耐力，甚至還帶有幾分運氣，堅持跑到了終點，然後又立刻轉入另一場賽局，沒完沒了，彷彿根本沒有盡頭。

蕭勝彥決定創業之初，當時有幾位日本前輩專程來臺灣考察市場，蕭勝彥把他們安置在臺北市中山北路的國賓飯店，一番酒酣耳熱之後，大家很熱烈地討論公司的名稱，不約而同都談到台塑的王永慶，蕭勝彥靈機一動，提議說道：「既然有了『台灣塑膠』，那麼我們公司也可以取名『臺灣鍍鋅』。」眾人立刻附議，覺得這個點子不錯。後來，因應產業發展轉型，「臺灣鍍鋅」更名為「臺鍍科技」。

一九七〇年正逢臺灣經濟起飛的年代，市場一片看好，各行各業都充滿發展前景，「那時候，幾乎沒什麼人在談企業社會責任，基本上就是經營管理和市場行銷掛帥。」蕭勝彥迄今記憶猶新，公司剛開始創業就一直很賺錢，接到的訂單交貨檔期排得滿滿的，光是最大客戶台電的訂單都接不完，送來鍍鋅的鋼料因為倉庫裝不下，只好都堆到公司旁的馬路邊，警察跑來干涉取締，說是妨礙交通，還被開了罰單。

到了蕭勝彥四十歲，公司經營已頗上軌道，但說實話，對於公司經營管理沒什麼策略，一切都是邊打邊走，畢竟經驗歷練有限，還談不上使命、願景，也看不到那麼遠。況且，當時臺灣的工程界都不了解熱浸鍍鋅這個行業，蕭勝彥每次去拜訪相關業務的工程單位，都需要花費一番口舌解釋。

後來，他想到日本有一本「熱浸鍍鋅雜誌」，不如自己也來辦一本同樣性質的雜誌，也算是一種產業教育，但當時臺灣可以討論的案例並不多，蕭勝彥就去邀請國內大學相關土木工程領域的教授來開編輯會議，選擇刊登的文章幾乎都是從國外翻譯，而且都比較偏向學術理論。

一九八八年一月一日，《熱浸鍍鋅》雜誌正式創刊，當時的經濟部投資業務處長黎昌意（已過世）親自撰寫了一篇發刊祝賀文章，甚至連澳洲、日本的同業都來函祝賀，日本熱浸鍍鋅協會的技術長首藤治三，也親自為創刊號撰文……。臺灣工程業界有人私下耳語打探，「這個名不見經傳的小企業老闆，怎麼會請到這些要人？」

有一次，中華顧問工程（現已更名為「台灣世曦工程顧問股份有限公司」）結構部經理曾清銓當面稱許蕭勝彥，「我一直在注意你們的雜誌，並且當成參考書來用，你們可不要黑白寫……。」蕭勝彥聽了非常開心，也深覺戰戰兢兢，居然能成為工程界的指標性刊物，每期雜誌內容可千萬不能出錯，《熱浸鍍鋅》雜誌一直維持正常出刊，到二〇二三年止已發行超過八十期。

現任台灣世曦副總經理林曜滄與蕭董結識於一九九五年，當時他三十七歲，入行不過七、八年，在中華顧問工程擔任部門小主管，手下帶了幾個年輕的工程師，負責一個三千萬臺幣設計費的工程，施工建設總費用大約二十億，這個工程就是新北市台六十四線快速道路中和交流道高架橋段，那是國內高架橋鋼梁第一個使用熱浸鍍鋅防蝕的首例，可說是量身訂做的工程。

林曜滄印象很深，「那時候，什麼都不懂，也沒聽過熱浸鍍鋅，每天召集大家一起K書研究，也跟著日本顧問開過很多次會議，一邊做中學，一邊學中做。」台六十四線快速道路中和交流道高架橋早已完工通車，經過近三十年的強風地震、日曬雨淋，竟然沒有一顆螺栓螺帽生銹，林曜滄說起這件工程案例，言談間充滿自豪。

當然，每一種防蝕技法都有優缺點，熱浸鍍鋅在一般的都市或鄉下，防蝕效果非常好，但若是在高腐蝕環境的工業地區或海岸地區，也會造成鋅的高耗損率，一般會建議在熱浸鍍鋅的表面增加一層油漆塗裝，可以隔離水分油脂，延長防蝕壽命一．五至二．三倍；此外，近幾年，常被工程界提起的鋅鋁鎂防蝕工法，同樣具有超耐腐蝕的功能。林曜滄指出，「不論使用哪一種防蝕材料，一定要做到永續，這才是必備條件。」他拿起手機，秀出幾張無意間拍下新北市新店區安坑輕軌的照片，二〇二三年初才通車不久就已經明顯看到滲出銹水，「這是個徵兆，以後勢必會付出維修費。」他憂心說道。

近年來，常聽人提及「綠色企業二・〇」，什麼是綠色企業二・〇？簡單解釋，隨著全球極端氣候影響加劇，永續發展為當前全球經濟轉型的首要目標。譬如，國內的金管會已於二〇二〇年八月發布「綠色金融行動方案二・〇」，進一步擬訂再強化上市櫃公司資訊揭露品質與內容，以及建立永續金融分類標準等措施，運用金融市場的影響力，引導企業重視環境、社會及公司治理（簡稱ＥＳＧ）議題，促成投資及產業追求永續發展之良性循環，引導產業、投資人、消費者，重視綠色永續，讓臺

桃園永安海螺文化園區。

▲新北市省民公園跨堤陸橋。

灣轉型為綠色低碳經濟、綠色投資、綠色消費與生活。[2]

人生的未竟之志

六十歲以後，蕭勝彥逐漸感覺到經營事業不應只是賺錢牟利，還包括社會責任，尤其從二〇〇〇年以後，氣候變遷、節能減碳以及環境永續的議題不斷在國際間被提出，聯合國並且召開多國會議，在二〇一五年宣布「二〇三〇永續發展目標」（Sustainable Development Goals, SDGs），一共提出十七項目標，其中第

2 資料來源：行政院官網 https://www.ey.gov.tw。

蕭勝彥：「有鋼鐵的地方，就有熱浸鍍鋅。」以下這四個工程的鋼構也全由臺鍍負責鍍鋅。

▲桃園大園航心橋。

▲臺北市全球希望廣場。

九項就清楚標示「建設具防災能力的基礎建設，促進具包容性的永續工業化及推動創新」。隨著氣候變遷、地球暖化的問題愈來愈迫切，全球各工業國家幾乎都在尋求解決方案，政府部門與民間企業也被賦予共同承擔的責任義務。

七十歲以後的蕭勝彥，幾乎傾全力積極推動LCC。他不諱言，以前貪心，很想把事業做大，也嘗試過其他的投資，譬如曾經使用日本的技術做不銹鋼一體成形，後來，竟然被臺灣的廠商控告侵權；然後，他搞過電子石英晶片廠，公司賺了錢，曾經上了興櫃，但因為規模擴張太快，衍生開發產品的方向錯誤，反而造成公司財務週轉困難，最後忍痛割愛，晶片廠轉手出讓，才止住流血。

「最聰明的人做最笨的事，莫過於此。」蕭勝彥從這些失敗經驗中反省，學到不少教訓，自己經營不善，怪不了別人。父親曾告誡他「擴作窄收」，意思是種田一甲地，獲利反而不如一分地多，倒不如專心種一分地。從此，他時時以為警惕，「所以，要常常控制自己，不能貪多，其實，一個人一輩子能做好一件事就功德圓滿，而我這輩子只要做好熱浸鍍鋅這件事就夠了！」

蕭勝彥另一個迷思是，臺鍍過去二、三十年到處去推廣演講熱浸鍍鋅，甚至辦理專業技術培訓課程，但工程招標結果，得標的卻是其他的廠商，有一陣子讓他很洩氣。但後來轉念一想，只要熱浸鍍鋅整體產業前景好，也會帶動自己經營的企業，大家都是生命共同體。心念一轉，從此便豁然開朗。

二〇二三年三月二十四日，北臺灣還沉浸在春天賞櫻花、杜鵑的粉彩浪漫氛圍裡，南臺灣的氣溫已經火熱得像夏天。這一天，在高雄漢來飯店召開「中華民國熱浸鍍鋅協會」會員大會，並改選三年一任的理事長，這個當初由蕭勝彥推動成立的協會，早已從他手裡交棒。但很戲劇性地，這次會員大會蕭勝彥獲得高票，第三次回鍋接任熱浸鍍鋅協會理事長。

一般人到了八十歲，幾乎都已退休或萌生退休的念頭，大多數與蕭勝彥年齡相仿的同學、朋友，幾乎都退休了，蕭勝彥是極少數「還在拚」，依舊是一名生龍活虎的戰將，心中仍有許多等待完成的未竟之志。但他的眼界早已不同，蕭勝彥總是說，他已經不是當年那個年輕氣盛「只想當老闆」的小伙子，臺鍍走到今天，更不是為了賺錢而已，而是為了盡社會責任。

他還有一整個腦袋的想法等著去實現，曾有人勸他，「不要那麼辛苦，賺那麼多錢要幹嘛？」大家都誤解了，他的目的不是賺錢，而是要讓產業轉型——熱浸鍍鋅不再是傳統的3K產業，而是符合時尚潮流的二·〇綠能產業，並且要走向國際化、科技化、人性化、生活化。「我們一定要超前部署，提到節能減碳的綠能產業，總有一天會輪到我們。」

望著眼前這位八十歲、事業成功的企業主，歲月並沒有磨掉他旺盛的戰鬥力，口口聲聲宣稱「自己還在打拚階段」，豪氣干雲說道，「對於熱浸鍍鋅這個產業，我還想繼續衝刺十年！」他一如故往，信心十足，不禁讓人心升敬意，我們這些晚生後輩，有什麼資格藉口推託「不好好繼續努力」。

二〇二四年一月十日這一天，才是蕭勝彥的八十歲生日。按照中國人習俗，逢十的壽誕都是在前一年提早過，因此臺鍍員工利用二〇二三年初的春節尾牙，全體替老闆過生日，蕭勝彥拾起麥克風，發表八十歲生日感言，只有簡短的一句：「希望桃園廠小爐趕緊自動化！」事後，我們聽到這件事，忍不住笑了起來，「蕭董，怎麼不講一些感性的話，心心念念都是公事？」

蕭勝彥這一生遇到很多貴人，除了一路提拔他的後藤社長之外，另一位貴人蔡登標董事長，以及蔡登標董事長的好友陳玉斌，他們都是臺鍍的股東，臺鍍一路走來，也曾遇到過挑戰，經營發生過危機，一旦公司缺錢亟需財務週轉，只要一通電話，他們馬上就是幾百萬臺幣匯款過來，也不收分文利息；「我父親蕭坤旺也是貴人，變賣祖田，資助我創業。」講到這裡，蕭勝彥眼眶又不禁紅了起來……。

為了維持好的體能與戰鬥力，蕭勝彥每週兩次請專業教練來做肌力訓練，他笑稱，現在很懂得怎麼去跟公務部門打交道，也打算逐一邀請大型的工程顧問公司來參加熱浸鍍鋅協會

▲在蕭勝彥（最右）看來，熱浸鍍鋅這個產業是完全符合節能減碳的明日產業，從父親手中接棒的蕭一平（最左），也秉持這個信念，帶領臺鍍的老臣蔡明達（左二）、李開志（中），以及新血李祐承（右二）繼續讓產業轉型——熱浸鍍鋅不再是傳統的 3K 產業，而是符合時尚潮流的 2.0 綠能產業，並且要走向國際化、科技化、人性化、生活化。

的團體會員，以後可以把熱浸鍍鍍鋅設計到他們的工程。

被企業經營耽誤的教育家

這二十多年來，蕭勝彥總是不遺餘力地出錢出力，除了一手促成熱浸鍍鋅協會，出錢贊助舉辦學術性的國際研討會，從不吝嗇。蕭勝彥曾經去拜訪公共工程委員會的主委，想要跟他介紹熱浸鍍鋅協會正在推動ＬＣＣ的概念，主委很認真看了事前送去的資料，然後特別又找了副主委及部門主管一起來參加，主委提起，大家過去都不重視熱浸鍍鋅防蝕的重要性，他並且建議，公共工程物價指數應該在網路上提供熱浸鍍鋅的價格。蕭董又專程拜訪臺灣營建研究院呂良正院長，呂院長也十分贊同這個提議，「在當時，這真的是一大突破。」

在臺鍍企業，蕭勝彥經常把「創造熱浸鍍鋅文化」這幾個字掛在嘴邊，提醒公司員工要秉持熱浸鍍鋅的精神，絕不可欺瞞作假，一定要做到表裡如一。因為鍍鋅防蝕工法的前置作業若是沒有做好，鋅就鍍不上去，一點都無法偷工減料。蕭董經營企業也秉持這樣的哲學，追求質的提升，只做能力範圍可以完成的事，而不是量的擴充，譬如藉由上櫃上市把公司撐得很大，拉高知名度，增加社會影響力，銀行也很願意借給你資金週轉……；但轉念一想，公司規模愈大，管理也就愈複雜。

我所理解的蕭勝彥，沒有一般企業大老闆的霸氣，態度總是謙和有禮，行事循序，腳踏實地，也很少看過他咧嘴大笑，他的骨子裡比較像是一個諄諄善誘的「教育家」，他原本應該很有機會到大學任教，作育英才，卻因瞎打誤撞，陰錯陽差地成為一個「企業家」，十足稱得上是「被企業經營耽誤的大學教授」。

他瞇著眼，帶一點自我解嘲，提起自己曾看過《天下雜誌》上的一篇文章，作者是前經濟部國貿局局長汪彝定，提出一個「自然領袖」的概念：**領袖是自然形成的，要有能夠服眾望的風範，以德才能服人，不是可以買通、賄賂或膨風裝出來的**。

蕭勝彥受日本教育，深受日本人的工作倫理與敬業精神影響，早已把「推廣熱浸鍍鋅文化」當成這輩子的使命。在一次訪談的機會，聽到公共工程界前輩大老邱琳濱提及，這幾年政府提倡工程生命週期，蕭勝彥跑得比誰都快，總是在隊伍前面扮演領頭羊，「他這把年紀，八十歲了，身體還是這麼好，依舊充滿鬥志，他雖是一個門外漢跳進來，但比很多工程界的人更充滿使命感！」

熱浸鍍鋅是土木建築的基礎加工產業，很多同業認為這個產業不過就是如此而已，看不到未來有什麼前景或者大變化。但蕭勝彥卻有不一樣的思維，他並不認為這只是黑手工業，而是一個符合節能減碳的明日產業。

解決環境議題的明日產業

蕭勝彥有一句名言：「有鋼鐵的地方，就有熱浸鍍鋅。」這句話在臺鍍內部早已耳熟能詳，除非未來的土木工程不使用鋼鐵當建材，否則，熱浸鍍鋅這個產業不會消失，它的特性是低度風險的產業，除非遇到景氣大蕭條，企業停止投資蓋房子，政府也不再新建公共工程……，可能性很低，但也不能因此不思圖變，反而更要居安思危。

撇開經濟發展，蕭勝彥看到的是另一個亟待解決的議題：社會人口結構老化，包括臺灣在內，世界上各先進國家幾乎都已邁入高齡社會與少子化，未來整體社會欠缺人工和維修人力，面對這樣的挑戰，鼓勵多生育似乎已緩不濟急，政府與民間企業的解決方案包括：一、繼續倡導ＬＣＣ（生命週期成本）的觀念，減少公共工程維修的浪費與支出；二、尋找新的替代人力，譬如大量使用機器人，以自動化生產來降低施工成本與操作風險；三、尋找新的市場，全球正面臨極重要的課題，因應氣候變遷與環境永續而衍生的新興產業，同時必須兼顧耐久性與延壽性。

談到熱浸鍍鋅的未來發展，蕭勝彥的話題一開，滔滔不絕。他雙手握拳，聲調高昂，笑容開懷，「臺鍍不會腐朽，熱浸鍍鋅真的是一個好東西，我們千萬不要妄自菲薄，不要小看自己。」我想起蕭董也曾如此語氣堅定地告訴兒子蕭一平，「我們做的是一個很高尚的行業，是永不退流行的永續產業……。」

這一天是六月下旬，結束與蕭董的訪談，傍晚返家途中，走過每天必經的碧潭吊橋，彩霞滿天，燈火漸亮，我的思緒飛揚，一個經得起時間考驗的企業與產業，就像眼前這座碧潭吊橋，雖僅兩百公尺長，卻牢牢被人們記住，它的外表即使不炫麗，也不是什麼偉大的科技發明，但它樸實含光，默默守候，百年不變，歷久彌新。

舉步前行，任重道遠

文◎王梅

很早以前我就聽過一句話：「一本書的作者，通常是『他』筆下的第一位學生。」這個意思是說，作者藉由漫長的文字耙梳探索，當他完成著作的時候，也等同是作者本身完成了學習的過程。

我就是一個例子，兩年前，從完全不知道「熱浸鍍鋅」這四個字是何物，到了後來竟然能夠順利地寫完這本書，自己都深感訝異，雖然對於熱浸鍍鋅這個產業也僅止於還在「入門」的程度，但至少已經能夠掌握來龍去脈，也深知它是一個百年的未來產業。

這兩年來，採訪撰寫這本《明日之鋅》期間，對於公共工程也增加了敏感度。我是新北市碧潭風景區的居民，因為得知著名的碧潭吊橋是採用臺鍍的熱浸鍍鋅工法做了防蝕防銹處理，因而特別提議邀約蕭董，親自到碧潭拍攝照片。那天是十一月末尾的週一，遊客很少的上班上學日，我們原先約定的時間是中午十一點，蕭董早上九點就迫不及待地衝到碧潭，獨自在岸邊晃了一大圈，我走在碧潭吊橋上瞧見蕭董站在吊橋下方，他拾著旁邊的階梯走上來，

▶由左至右：臺鍍董事長蕭勝彥、本書作者王梅、本書企畫統籌胡文瓊、臺鍍經理王麗君。

開口的第一句話，語氣充滿納悶不解：「應該不需要這樣整修啊！」

我聽懂他的意思，這整座吊橋的鋼索都經過熱浸鍍鋅防銹防蝕處理，目的當然是為了節省公帑，至少可以保固耐用五十～六十年不為過。而碰巧在二〇二三年九月以後，碧潭吊橋正在進行年度的維修，橋頭、橋尾的拱柱都圍起了鷹架，工作區放置纜繩以及各式工具，橋下垂掛著供施工人員站立的流籠，整個整修工期長達半年。蕭董見狀滿頭霧水，臺鍍承接碧潭吊橋熱浸鍍鋅工程迄今還不滿二十五年，何以需要如此大肆整修？

我雖然每天早晚必經這座吊橋，這個問題我也不知道答案，某天無意間就看到它變成這幅「施工中」的模樣。我試著以一個「在地居民」的小老百姓意見安慰蕭董，「唉呀，二〇二四年總統大選日期逼近了，你也知道嘛，政府難免都會有些動作，況且，年底了，得趕緊把編列的預算消化完畢……。」若是更進一步從公共安全的角度想，這座吊橋每天承載來往過客無數，定期檢修絕對是必要的，才能保障居民的日常生活安全。以上回答，總算是解除了蕭董的疑慮。

話說二十四年來，這是蕭董第一次走上碧潭吊橋，我猜測他可能是抱著「驗收」的態度來視察當年的這個工程。中午吃飯的時候，面對著溪水潺潺與秀麗的山景，他神情愉悅笑瞇瞇地說著：「今天好像是來碧潭郊遊。」見他心情不錯，我也覺得這趟短短的半天碧潭之旅「CP值」似乎不錯，立刻接口說道：「歡迎再來，多多益善！」

那天，我要求蕭董在碧潭吊橋上來回行走數遍，以供取鏡，但我只拍攝他的背影，因為我心中始終出現一幅這樣的畫面：舉步前行，任重道遠。這座近百年歲月的碧潭吊橋，臺鍍有幸參與其中的補強防銹工程，未來，還有很多的公共工程都需要像臺鍍這樣具有強烈環境意識的企業一起努力打拚。

我很榮幸參與這本《明日之鋅》的撰寫工作，身為地球公民的一分子，讓我們一起把生態環境變得更好，把地球變得更綠！

二〇二三年十二月三日 寫於新店碧潭

作者簡介

王梅，資深新聞工作者，成人及高齡教育工作者。

曾在主流媒體工作逾三十年，出版著作包括《鼎泰豐傳奇》、《幸福體育課》、《生活在工場》、《手術室裡的秘密》等二十餘本，現為自由作家，並就讀國立中正大學成人教育研究所博士班。

明日之鋅

作　　者／王梅
攝　　影／王茜瑜
封面設計／Rebecca
美術編輯／林雯瑛
責任編輯／吳欣恬、胡文瓊
統籌製作／本是文創
企畫選書人／賈俊國

總 編 輯／賈俊國
副總編輯／蘇士尹
編　　輯／黃欣
行銷企畫／張莉榮、蕭羽猜、溫于閎

發 行 人／何飛鵬
法律顧問／元禾法律事務所王子文律師
出　　版／布克文化出版事業部
台北市中山區民生東路二段 141 號 8 樓
電話：(02)2500-7008 傳真：(02)2502-7676
Email：sbooker.service@cite.com.tw
發　　行／英屬蓋曼群島商家庭傳媒股份有限公司城邦分公司
台北市中山區民生東路二段 141 號 2 樓
書虫客服服務專線：(02)2500-7718；2500-7719
24 小時傳真專線：(02)2500-1990；2500-1991
劃撥帳號：19863813；戶名：書虫股份有限公司
讀者服務信箱：service@readingclub.com.tw
香港發行所／城邦（香港）出版集團有限公司
香港九龍九龍城土瓜灣道 86 號順聯工業大廈 6 樓 A 室
電話：+852-2508-6231　傳真：+852-2578-9337
Email：hkcite@biznetvigator.com
馬新發行所／城邦（馬新）出版集團 Cité (M) Sdn. Bhd.
41, Jalan Radin Anum, Bandar Baru Sri Petaling,
57000 Kuala Lumpur, Malaysia
電話：+603- 9057-8822　傳真：+603- 9057-6622
Email：cite@cite.com.my
印　　刷／卡樂彩色製版印刷有限公司
初　　版／2024 年 01 月
定　　價／450 元
ISBN／978-626-7431-14-6
EISBN／9786267431139（EPUB）

城邦讀書花園 www.cite.com.tw　布克文化 WWW.SBOOKER.COM.TW